結婚
결혼

평생의 여행을 떠나기 전
알아야 할 것들

ARE YOU WAITING FOR "THE ONE"?
by Margaret Kim Peterson and Dwight N. Peterson

Originally published by InterVarsity Press
as Are You Waiting for "The One"? By Margaret Kim Peterson and Dwight N. Peterson
Copyright © 2011 by Margaret Kim Peterson and Dwight N. Peterson.
Translated and printed by permission of InterVarsity Press,
P.O. Box 1400, Downers Grove, IL 60515, USA www.ivpress.com
All rights reserved.

Korean Edition published by Word of Life Press, Seoul 2014
Printed in Korea.

결혼, 평생의 여행을 떠나기 전 알아야 할 것들

© 생명의말씀사 2014

2014년 10월 30일 1판 1쇄 발행

펴낸이 | 김재권
펴낸곳 | 생명의말씀사

등록 | 1962. 1. 10. No.300-1962-1
주소 | 서울시 종로구 경희궁1길 5-9(110-062)
전화 | 02)738-6555(본사) · 02)3159-7979(영업)
팩스 | 02)739-3824(본사) · 080-022-8585(영업)

기획편집 | 박영경
디자인 | 박소정, 윤보람
인쇄 | 예원프린팅
제본 | 정문바인텍

ISBN 978-89-04-14138-8 (03230)

저작권자의 허락 없이 이 책의 일부 또는 전체를
무단 복제, 전재, 발췌하면 저작권법에 의해 처벌을 받습니다.

결혼
結婚

평생의 여행을 떠나기 전
알아야 할 것들

마거릿 킴 피터슨·드와이트 N. 피터슨 지음 | 유정희 옮김

생명의말씀사

contents

들어가는 말 _6

01 여행지 탐색 로맨스가 전부는 아니다 _10

결혼, 언제 해야 할까? 011 | 세상 속 성 문화, 그리스도인은 다를까? 013 | 신혼 때에는 임신하지 마라? 017 | 기독교 연애 서적 속 잘못된 환상 018 | 완벽한 사랑 같은 것은 없다 022 | 진정한 사랑 024 | 할리우드 말고, 복음에서 영향받기 030 | 배우자 선택하기 032

02 탑승 수속 그리스도인의 결혼생활은 다르다 _36

무엇이 기독교적인가? 037 | 결혼이란 무엇인가? 039 | 이혼에 대해 생각해 보기 044 | 두려움 없는 사랑 049

03 체크 인 두 사람이 함께 쓰는 이야기 _52

이것은 하나의 이야기다 053 | 가정을 옭아맨 실들 056 | 성경과는 다른 우리의 "성경적인 가정" 062 | 기독교 가정의 특징 068

04 동행의 기술 갈등을 평화로, 배우자와의 우정 _76

평화는 거저 얻을 수 없다 077 | 관계 폭력 080 | 남자, 여자, 그리고 갈등 087 | 협력과 합의 094 | 결혼 안에서 우정을 쌓아가다 103

05 또 하나의 여정 성, 체화된 교감 _110

거룩한 가능성 111 | 성교육 113 | 미혼자의 성 120 | 성, 행위 이상의 의미 127 |
혼 후 순결 133

06 새로운 동행자 자녀 양육, 그 특별한 의미 _136

그리스도인 공동체의 형상 137 | 그리스도인은 왜 자녀를 갖는가 140 | 스스로 조
절하고 결정하는 임신과 출산, 피임 145 | 아이를 키우는 것은 '대접' 하는 것이다
150 | 어머니, 아버지 모두의 역할 154 | 자녀 양육을 넘어서 158

07 여행 경비 가계, 경제적 파트너십 만들기 _160

결혼의 경제학 161 | 먹고 사는 일 163 | 가계부 쓰기 167 | 집안 살림하기 173

08 생활 여행자 오랜 사랑, 한 걸음씩 함께 _180

오랜 사랑을 향하여 181 | 긍정적 기대 183 | 새로운 전통 191 | 함께 짊어지라
195 | 열매 맺기 203

맺는말 – 결혼식 _206

주 _212

들어가는 말

이 책은 우리가 10여 년 전부터 강의해온 수업에서 시작되었다. 성경과 신학을 가르치는 교사로서, 그리스도인이자 사회적, 가족적 공동체의 일원으로서, 그리고 단순히 인간으로서도 우리에게 결혼은 매우 흥미로운 주제였다. 그 강의에서는 거의 매주 학생들에게 짧은 글들을 쓰게 했다. 수강생들이 강의의 주제에 대해 깊이 생각하며 글을 쓰도록 한 것이다. 그들은 자신에 대해 말하지 않아도 되지만, 하고 싶을 때에는 언제든지 자신의 이야기를 할 수 있게 했다. 우리는 그들이 어떤 생각을 하는지 알고 싶었으며, 수업이 우리의 사상이나 경험들로만 이루어지는 것이 아니라 서로의 관심사에 대해 대화하는 시간이 될 수 있길 바랐다. 학생들은 매우 개인적인 이야기들을 글에 쏟아내주었다. 우리는 이를 보며 깜짝 놀랐고 또 기뻤다. 해마다 새로운 학생들을 알게 되고 그들의 이야기를 조금이나마 들여다볼 수 있는 것, 또 이제 막 성인기에 들어서는 젊은 그리스도인이 직면하는 문제와 도전들을 알

結婚
✈

게 되는 것은 우리에게 더없는 영광이었다.

매주 쌓이는 글들을 읽으며 우리는 메모를 하고, 전 주의 글들에 대한 이야기로 그 다음 주의 수업을 시작한다. 즉 공통된 주제들을 언급하고, 특별히 눈에 띄는 이야기들을 다시 들려주고, 기억에 남는 구절을 인용하는 이 모든 일 가운데 수강생들이 서로 협력하여 결혼과 기독교 신앙과 신앙생활 전반에 대한 대화를 해나가게 한다. 우리는 이 책도 동일하게 작업하였다. 어느 정도 신원을 가리고, 문법적으로 편집한 것 외에 우리가 지어낸 이야기는 하나도 없다. 모두 실제 이야기고, 그 경험들을 신학적, 문화적 맥락으로 이해하도록 도우며 대화하였다.

우리 자신의 이야기도 기꺼이 나누었다. 우리 부부는 서로 두 번째 결혼생활을 하고 있다. 드와이트는 첫 번째 아내와 이혼했다. 그의 이혼 사실은 그리스도인들이 이혼에 관한 대화를 할 때 빠지기 쉬운 안이한 도덕주의를 경계하도록 도왔다. 그리고 실패의 의미가 무엇인지,

은혜가 필요하다는 것이 무엇인지, 교회와 우리 자신의 삶의 맥락에서 그것을 어떻게 받아들여야 하는지에 대해 솔직하게 살펴보도록 도와주었다. 마거릿은 첫 남편과 사별하였다. 그녀의 첫 번째 결혼생활은 행복했으며 지금의 결혼생활도 행복하게 보내고 있다. 이러한 그녀의 경험은 우리가 "단 하나의 진정한 사랑"이라 부르는 문화적 가설에 반대되는 것이다. 모든 사람에게는 딱 맞는 짝이 정확히 한 명만 존재하며, 결혼하고 싶으면 그 단 하나의 진정한 사랑을 찾아서 구애하고 마음을 얻고, 또는 구애를 받고 마음을 주어야 한다는 가설 말이다.

대부분은 아니더라도 우리 학생들 중 많은 이가 그 단 하나의 진정한 사랑이라는 신화에 영향을 받아 왔다. 그래서 그들은 마거릿이 두 번 결혼한 사실에 당황한다. 그들은 그녀의 두 남편 중 누가 진정한 사랑이었는지, 드와이트는 어떻게 다른 사람을 진정으로 사랑했던 여자와 결혼을 할 수 있었는지 의아해한다. 이러한 질문은 우리와 우리 학생들

結婚 ✈

 이 사랑과 슬픔의 의미를 충분히 생각해 보도록 도와주었다. 그것은 결혼했든 안 했든 상관없이 사람들 대부분의 삶 가운데 있는 경험들이다. 물론 우리의 이야기에는 결혼의 역사만 있는 것이 아니다. 주어진 학기 동안 우리는 학생들과 함께 그 이야기들을 자세히 살펴보며, 십자가에 못 박히고 부활하신 그리스도의 복음인 위대한 이야기를 바탕으로 우리의 작은 이야기들을 정직하고 깊이 있게, 또 유쾌하게 돌아보기 위해 최선을 다했다.

 이 책에서는 우리 학생들과 그들의 이야기를 중점적으로 다루며, 우리 부부는 그들과 함께 똑같은 빛 안에서 그들의 삶의 경험들과 관계를 돌아보았다. 우리와 대화해준 모든 이에게 무한한 감사를 드린다. 그들과 우리의 대화로 함께 만들어낸 이 책이 많은 이에게 도움이 되고 생각을 가다듬게 하는 책이 되기를 바란다.

여행지 탐색

01
로맨스가 전부는 아니다

결혼, 언제 해야 할까?

현세대의 결혼 시기는 이전 세대에 비해 한참 뒤로 늦춰졌다. 이는 완전하게 독립한 성인이 되는 시기가 늦어지는 추세 때문이라 볼 수 있다. 세계 경제와 교육과 고용의 변화로 독립적인 가정을 꾸리고 안정적인 직장을 갖는 것이 한두 세대 전보다 훨씬 더 오래 걸리기 때문이다. 대학에 진학하면 족히 4년 이상 시간이 걸리고, 졸업 후에도 종종 10년 넘게 학자금 대출금을 갚아야 하며, 많은 사람이 원하는 유망한 직업을 얻으려면 더 많은 공부와 학비가 필요하다. 상황이 이렇다 보니 젊은이들이 결혼과 자녀 양육 같은 일들에 쓸 시간과 비용이 없는 것은 너무나 당연하다.

그 결과 이전엔 성인의 첫걸음으로 여겨졌던 결혼이 지금은 마지막 단계로 인식된다. 그래서 사람들은 결혼 적령기를 성인으로서 다른 모든 가치 있는 경험을 다 한 이후로 생각한다. 즉 교육, 여행, 일, 다양한 사람과의 폭넓은 관계를 더 우선한다. 젊을 때 사람을 사귀는 것은 좋지만, "결혼은 늦게" 하는 것이 더 좋다는 것이다.

그런데 일부 그리스도인 사이에서는 또 다른 이상이 지배적이다. 대학을 졸업하자마자 가정을 이룬다는 계획이다. 이들은 왜 그렇게 서두르는 걸까? 한 학생의 의견은 이랬다.

"제 생각에 그리스도인 대부분은 독신 생활이 그리스도인에게 적절치 않다고 믿는 것 같아요. 하나님을 섬기기 위해서나, 행복해지기 위해서는 독신을 택하면 안 된다는 거죠."

그 의미는 명확하다. 독신을 선택할 수 없다면 결혼은 의무이고, 그렇다면 최대한 빨리하는 것이 가장 좋다는 이야기다. 그러나 그것은 말처럼 쉽지 않다. 이 상충하는 문화적, 이념적 압력들을 이해하기란 무척 어려운 일이다. 젊은이들이 결혼할 여건이 안 된다는 것, 그리스도인은 결혼을 꼭 해야만 한다는 것……. 도대체 어떤 이야기를 따라야 하는가? 어디서 도움과 조언을 구할 것인가?

이를 위해 연애에 대한 조언이 담긴 기독교 서적이 도움될 수도 있다. 그러나 불행히도 정말 도움이 되는 책들은 많지 않다. 이런 책들 가운데 많은 것이 매우 젊은 사람들이 쓴 것으로, 그 장점은 오늘날 그리스도인 젊은이들이 직면하는 도전적인 문화적 현실을 직접 경험해 보았다는 것이다. 반면에 약점은 그들이 제시하는 대안이 완전히 비현실적인 환상에 불과하며, 복음에 근거한 것이 아니라 철저히 세상 문화에서 나온 결론이라는 점이다. 그러면 더 좋은 대안이 있을까? 그리스도인의 삶과 관계 속의 어려움을 정직하게 인정하고, 세월의 시험을 견딜 수 있는 진정한 사랑을 맞이할 방법이 있을까?

그렇다. 이 장에서 우리는 제일 먼저 현대의 문화와 관계들을 살펴보고, 그다음에 연애에 대한 조언이 담긴 여러 책에서도 대안으로 제시하는 그리스도인의 이상적인 관계를 살펴볼 것이다. 그리고 나서 다른 길을 생각해볼 것인데, 그것은 완벽한 사랑이 아니라 '진정한 사랑'을 찾는 것을 의미할 것이다.

세상 속 성 문화, 그리스도인은 다를까?

연애에 대한 조언을 담은 기독교 서적 저자들의 주장 중 우리도 적극적으로 동의하는 부분이 있다. 이 세상은 진실하고 의미 있는 관계를 맺기 어려운 곳이라는 주장이다. 젊은이들 사이에서는 성관계 자체를 가볍게 여기고 행하며 이야기하는 문화가 통용되고 있다. 또 최근에는 완전히 모르는 사람들과 성관계를 갖는 문화까지 등장했다. 성행위가 가벼워진다고 해서 관계의 친밀감이 더 깊어지는 것은 아니다. 오히려 행위 자체가 친밀감을 대신하거나 심지어 친밀감을 방해하게 될 수도 있다. 결국 당신이 어떤 사람과 잠자리를 먼저 갖기 시작한다면, 그 후에 그 사람을 알아가는 것이 무슨 유익이 있겠는가? 하룻밤 잠자리의 쾌락과 대가는 결국 포르노를 접하는 것과 비슷하다. 즉 쾌락은 점점 더 짧고 얕아지며, 그 대가는 누구와도 진실한 관계를 맺을 수 없게 되는 것이다.

그러므로 이성 교제에 관한 기독교 서적의 저자들이 그런 사회 현상을 매우 안 좋게 보고, 그들의 생각이 젊은 그리스도인들에게 영향을 주는 것은 나쁜 일이 아니다. 그 책을 읽는 독자들은 지혜롭지 못한 성적 관심의 피해를 알고 더 나은 것을 갈망하는 자들이다. 그러나 이러한 저자들이나 독자들이 분명하게 보지 못하는 것이 있다. 바로 현대의 기독교 문화 역시 무심결에 그런 문화들에 기여하거나 관여하는 부분이 있다는 사실이다.

그리스도인들도 이런 현상에서 자유롭지 않다. 물론 매우 순결하게 사는 젊은이들도 있다. 그러나 그 반대편 끝에 있는 이들도 있고, 대다수는 중간쯤 어딘가에 있다. 나이 많은 사람들이 보기에 그들의 행동은 분명 충격적일 만큼 문란해 보이지만, 이 젊은이들이 사는 사회적 환경에서 그것은 거의 부정하기 어려운 현실이다.

이렇게 결혼하지 않은 상태에서의 가벼운 성행위가 실제로 일어나는 현상은 현대의 그리스도인 청년들이 교회와 가정에서 받고 있는, 또는 받고 있지 않은 기독교 교육의 폐단을 보여주는 것이다. 일반적으로 그 교육에는 진실하고 신학적으로 사회적 현실과 싸우려는 노력이 빠져 있다. 그 결과 젊은이들은 기독교가 자신들에게 무엇을 기대하는지 알지만 그 기대를 충족시켜야 할 확실한 이유를 생각해낼 수 없다.

이 현상은 도전적으로 우리에게 질문을 던진 한 여자를 통해 생생하게 볼 수 있었다. 그녀는 자신이 졸업하자마자 남자 친구와 동거를 해서는 안 되는 이유를 정확히 설명해줄 수 있느냐고 물었다.

"그것이 잘못이라는 건 알아요. 하지만 모든 사람이 그렇게 해요. 그리고 훨씬 더 편하기도 하고요. 우리가 공식적으로 같이 살지 않더라도, 결국은 어떻게든 같이 밤을 보내게 될 거예요. 왜 그런 고생을 하고 따로 아파트 두 채를 마련하는 비용을 감당해야 하죠?"

이들의 현실에 창의적으로 개입하는 신학적 방법이 부재함과 더불어, 일반적으로 성에 관한 많은 기독교적 미사여구에는 동정과 기다림을 강조하는 부분이 많다. 성을 주로 기다려야 하는 것으로 이야기하는 것은 젊은이들에게 수동적인 태도를 권장하지만, 그것만으로는 그보다 더 큰 문화적 압력을 견디게 할 수가 없다.

또 그 수동적 기다림은 성적인 성숙함과 성적 행위를 동일시하도록 만든다. 결혼 여부나 성관계 여부와 상관없이, 점진적으로 성장하여 성숙한 남성성과 여성성을 가지는 것에 관해서는 이야기하지 않는다. 그보다는 마치 한 사람이 성관계를 갖기 전까지는 어린아이이며, 그리스도인들은 결혼을 해야만 성관계를 갖고 어른이 될 수 있다고 가정하는 것 같다.

그러므로 많은 그리스도인 청년이 미혼자 그룹에 자신들을 억지로 밀어 넣는 것에 화를 내는 것도 당연하다. 그 그룹은 아직 성인 그룹에 속할 수 없는 자들을 가둬 놓는 '우리'와 같은 역할을 하는 듯하기 때문이다. 또 그들 대부분이 실제로 결혼을 기다리지 않는 것도 놀랄 일이 아니다. 이혼이 난무하며 배우자를 지키는 일이 오로지 개인의 책임이 되어 버린 사회에서 결혼은 너무나 멀고 위험한 일로 보일 수 있다. 반면에 세상 문화 속에서는 당신이 아는, 혹은 모르는 사람과도 성관계를 쉽게 가질 수 있다. 그러니 그들이 무엇을 위해 결혼을 기다리겠는가?

현대 그리스도인들은 성과 헌신에 대해서, 사회 전반의 태도에서 구별되기보다는 오히려 휩쓸리고 있다. 가벼운 성 문화는 상대에게 헌신할 필요 없이 바로 성의 쾌락을 준다. 헌신은 그들에게 위험한 것이다. 그것은 깨질 가능성이 있고, 또 헌신은 우리의 선택을 제한하기 때문이다. 남자 친구나 여자 친구에게 애착이 있는 사람은 그 관계가 교육이나 직장에 관한 결정에 영향을 끼칠 것이며, 결과적으로 그렇지 않았을 때보다 더 사회적으로 성공하지 못할 수도 있다. 따라서 성관계를 추구하는 것은 허용할 수 있지만, 때 이른 헌신이 한 사람의 인생이나 진로에 방해되지 않도록 사랑은 기필코 미루어야 한다는 생각인 것이다.

언뜻 이해가 잘 안 될 수도 있지만, 많은 현대의 그리스도인이 이와 비슷한 생각을 하고 있다. 젊은 사람들이 너무 빨리 관계에 매이면 안 된다는 것이다. 차이점이 있다면 "너무 매이는 것"을 어떻게 보느냐는 것이다. 세상의 성 문화는 '모든 관계'를 그렇게 여긴다. 나머지 데이트 문화에서는 '일찍 결혼하는 것'이 그렇다. 그리고 기독교 문화는 '부모가 되는 것'을 너무 매이는 것으로 여긴다. 젊은 사람들이 성관계를 갖기 원한다면 결혼을 할 수 있지만, 그들이 "준비"가 되기 전까지는 아기를 가지면 안 된다. 여기서 준비는 여러 가지가 있다. 대학을 마치고, 대학원을 마치고, 직장에서 자리를 잡고, 경제적으로 안정되고, 어쩌면 단지 지금보다 좀 더 나이가 들어야 할 수도 있다. 요점은 아이를 너무 일찍 가져서 젊은 그들이 할 수 있는 선택을 지나치게 제한하지 말아야 한다는 것이다.

우리 학생들은 대부분 결혼하지 않았지만, 결혼한 사람들의 삶을 들여다보면 대부분 일찍 부모가 되는 것에 대한 이 깊은 문화적 편견의 증거를 볼 수 있다. 아기를 갖기 원하지만, 좀 더 기다려야 할 것 같다고 말하는 젊은 남편들과 아내들이 있다. 원하지 않는 때에 임신을 할까 겁이 난다는 사람들도 있다. 그들은 자기가 임신하면 끔찍할 것으로 말한다. 임신한 여자들, 또는 아내가 임신한 남자들은 그 사실을 알고 낙심한다. 아이를 갖기 전에 하고 싶은 일들이 많았는데, 이제는 그 일들을 할 수 없기 때문이다.

신혼 때에는 임신하지 마라?

한 학생이 아직 20대 초반인 자기 친구가 결혼한 지 얼마 안 되어 아기를 갖게 되었다는 이야기를 해주었다. 그 친구는 몹시 실망하면서, 같은 교회 사람들이 일찍 결혼해 엄마가 된 자신을 미혼모보다도 더 탐탁지 않게 보는 것 같다고 했다. 미혼모는 한순간에 실수한 것으로 이해한다 해도, 결혼한 그녀는 분명 의도적으로 다른 길을 택하지 않고 일찍 임신한 것이라 보기 때문이다.

현대의 많은 그리스도인은 전통적으로 그리스도인들이 결혼, 성, 자녀 계획이 마땅히 함께 가는 것들로 이해해왔다는 사실을 망각한 듯하다. 결혼하면 아이를 낳게 되어 있고, 지금의 피임법이 없던 때에는 대부분의 사람이 결혼하면 곧 아이를 가졌다. 그러나 피임 문화 속에서 사는 우리는 이 문화 속에서 자신들이 책임감 있게 계획해서 아기를 낳아야 좋은 것으로 생각하며, 아기가 태어나는 것은 결혼하기로 결정한 것과는 완전히 다른 결정에 따른 결과라고 본다. 그래서 기혼자의 성생활도 미혼자와 마찬가지로 제한이 있다. 젊은 부부가 어느 정도 나이가 들 때까지는 아기를 낳아서는 안 된다는 것이다. 왜 그런가? 젊은이의 사랑은 자유롭고 아무 걱정이 없어야 하기 때문이다. 로맨틱한 휴가와 레이스로 된 속옷을 즐겨야 할 시기이지, 밤중 수유를 하고 천 기저귀를 쓸지 일회용 기저귀를 쓸지 고민하는 시기는 아니라는 것이다.

또한 이런 로맨스의 기쁨은 부모가 되는 것과 완전히 별개이며, 부모가 되는 순간 모두 깨져버린다고 생각한다. 그래서 너무나 많은 그리스도인이 결혼반지를 꼈다는 것만 빼고는, 세상 속에서 옳다 말하는 그대로 위태로이 따르고야 만다. 그리스도인 부모들과 관계의 조언자들은 그리스도인 청년들에게 결혼하라고 권고하지만, 결혼이 주는 친밀함을 누리며 또 자유롭게 다른 목표들을 추구할 수 있게 해주는 로맨틱한 동화를 누려야 한다고 말한다. 그러니 어떻게 해서든 신혼 때 임신하지 말라는 것이다!

기독교 연애 서적 속 잘못된 환상

그리스도인 연애 상담가 상당수가 세속적 문화와 그리스도인의 생각과 행동 사이의 이러한 연관성을 알아채지 못한다. 그들은 성행위와 관계의 친밀감이 분리되거나, 또 오랜 시간 충실하게 관계를 지속하기보다 친밀감과 상관없이 여러 사람과 관계를 맺을 때 생기는 명백한 상처를 보며, 그와는 다른 그리스도인의 이상을 제시한다. 그것은 '완벽한 사랑'이라 불리는 환상이다. 이것은 당황스러운 특징들이 있다.

완벽한 사랑은 정확히 한 명, 즉 하나님이 당신을 위해 택하신 짝, 또는 단 하나의 참된 사랑, 이 사람이 당신에게 맞는 사람인지 물을 필요도 없는 바로 "그 사람"이 있다. 이 사람은 당신이 아니라 하나님이 택하신 사람이다. 당신은 관계가 깨질 수도 있는 위험을 무릅쓰거나, 실제로 관계가 깨져서 힘들어하지 않아도 된다. 하나님께서 반드시 그 관계를 성공으로 이끌어 주시기 때문이다.

완벽한 사랑은 그야말로 완전하다. 조금도 타협의 기미가 없다. 누구도 자기가 마땅히 받아야 할 것보다 더 못한 것에 만족할 필요가 없고, 모든 사람은 가장 좋은 것만 누릴 자격이 있다. 그녀는 아름답고 그는 잘생겼다. 그녀는 피아노를 치고 그는 기타를 친다. 양쪽 다 어릴 적부터 간직해온 이상적인 배우자의 특성 목록에 포함된 모든 특성이 있다.

완벽한 사랑은 또한 극적이다. 그녀는 그를 처음 본 순간 감탄한다. 그는 그녀와 처음 눈이 마주칠 때 불꽃이 튄다. 그들은 둘만의 낭만적인 저녁 식사를 하고, 사려 깊은 작은 선물들을 주고받고, 어쩌면 외국으로 단기 선교 여행을 가면서 관계를 키워 간다. 그의 청혼은 독창적이고 달콤하다. 모든 사람이 그들에게 감동하고 부러워한다.

완벽한 사랑은 순탄하다. 모두 건강하고, 모든 가족이 경건하고 평온하고 서로 도움을 준다. 두 사람은 누가 봐도 항상 행복하다. 싸울 일도 없다. 그들의 관계 중심에는 하나님이 계시며, 그들은 남자와 여자로서 자신의 성경적 역할을 분명히 알고 있고, 또 무엇보다 서로 사랑하기 때문이다.

이 완벽한 사랑은 완벽한 결혼식에서 절정에 이른다. 결혼식을 하려면 돈이 많이 들지만 그들은 기꺼이 이 일을 한다. 어쨌든 완벽한 사랑을 위해선 완벽한 결혼식을 하는 것이 마땅하기 때문이다. 결혼식에서 신랑, 신부는 그날의 왕자와 공주로 소개되며, 피로연이 끝나면 그들은 멋진 곳에서 신혼을 시작하기 위해 공항으로 떠난다. 하나님이 그를 섬기는 자들을 위해 예비하신 행복하고 밝은 미래로 들어갈 준비를 한다.

이 이야기들은 우리가 지어내 이야기하는 것이 아니다. 학생들은 어른들과 또래들로부터 이런 것을 바라고 기대하도록 가르침을 받아 왔다고 이야기했다. 또 우리는 이러한 많은 것이 그리스도인의 이성 교제에 관한 책들에 명백하게 나와 있는 것을 발견했다. 또 이런 책들은 이 모든 것이 하나님께 속한 것이라고 매우 분명하게 말한다. 하나님이 로맨스의 창조자이시며, 하나님께 당신의 운명을 맡기면 완벽한 사랑을 상으로 받을 것이라고 말한다.

또 기독교 연애 상담가들은 연애사에 관한 한 자신의 판단을 믿지 말고 하나님을 믿어야 한다고 말한다. 하나님이 당신에게 어떤 사람이 "그 사람"이라고 알려주시기 전까지는 누구와도 연애하지 않아야 한다는 주장이다. 이 주장에 따르면, 그 사람은 하나님이 창세 전부터 당신을 위해 예비해두신 완벽한 배우자이다. 하나님은 당신이 연애하기 원하시며, 하나님의 때에 완벽한 배우자를 만나게 해주실 것이다. 그때까지 경건한 그리스도인은 소망을 품고 주의하여 기다리며 데이트를 하지 않아야 한다고 한다.

이를 위해 그들은 몇 가지 권고를 한다. 첫째, 하나님 외에는 누구와도 깊고 친밀한 감정적 애착을 갖지 않고, 둘째로 당신의 미래의 배우자가 어떻게 생겼을지, 그 사람과 당신의 관계가 어떠할지를 자세히 상상해야 한다. 마지막으로 하나님이 그 특별한 사람을 당신의 삶 속으로 인도하실 때 일종의 영적 직관을 통해 이 사람이 당신의 미래의 배우자임을 알아보아야 한다.

이 조언의 첫 부분, 즉 다른 사람들에게 감정적인 애착을 갖지 말라는 것은 깨진 관계 때문에 실망과 고통을 겪지 않아도 된다는 점에서 편리하다. 가까워지지 않으면 상처받을 일도 없을 것이기 때문이다. 이것은 사랑과 결혼에 관한 논의가 아니라도, 그리스도인의 그룹에서 흔히 들을 수 있는 조언이다. 즉 '사람들은 실수할 수 있고, 당신을 실망하게 할 것이나, 하나님은 절대로 당신을 실망하게 하지 않으실 것이다. 그러므로 사람들을 믿지 말고 오직 하나님만 믿어라.' 라는 주장…….

그들의 두 번째 권고는 그들이 바라는 배우자와 결혼생활을 자세하게 그려 보라는 것이다. 그것은 종종 매우 구체적인 제안을 수반한다. 즉 그 모든 것을 글로 써서, 바라는 것들을 목록으로 작성하고 미래의 연인에게 편지를 쓰라는 것이다. 그것은 당신의 연애 기준을 하나님의 기준만큼 높게 유지하는 데 도움이 될 것이며, 따라서 당신이 원하는 배우자의 기준보다 더 못한 것에 만족하는 일이 없게 해줄 것이다. 그 목록과 편지들은 잘 모아 놓았다가 미래의 배우자에게 당신의 혼전 순결의 증거로 제시할 수 있다. 즉 독신으로 지내는 동안 다른 사람들을 사랑하지 않았고, 대신 아직 모르는 미래의 배우자와 함께할 행복한 삶을 고대하며 지냈음을 보여주라는 것이다.

그들이 말하는 세 번째 단계는 당신이 아직 잘 모르는 어떤 사람이 바로 "그 사람"임을 직관적으로 알아보는 것이다. 당신의 마음속 깊은 곳에서, 다른 누구에게도 당신 확신의 근거를 묘사하거나 설명할 수 없지만, 이 사람이 하나님께서 당신을 위해 택하신 미래의 배우자라는 것을 알고, 자유롭게 그 사람과의 로맨틱한 관계를 추구한다. 기독교 연애 상담 책의 저자들이 이 확신을 말로 설명할 수 없다고 주장하는 것은 넓은 기독교 문화에서 나타나는 성향을 반영한다. 그것은 말로 표현하기 어려운 것일수록 더 깊이 느껴야 한다고 믿는 것이다. 그러나 이것은 피상적이고 위선적이라는 의심을 받고 있기도 하다. 공허하다는 것이 곧 심오하고 진심이 담긴 것으로 간주할 수는 없다.

완벽한 사랑 같은 것은 없다

만약 그들 주장대로 어떤 사람이 나의 "그 사람"이라고 믿는 설득력 있는 이유를 제시할 수 있다면, 이것 자체가 그 반대의 증거가 된다. 필요를 공급해주시고 걸음을 인도해주시는 하나님을 신뢰하기보다 자기 자신의 의지와 바람을 표현하는 것이기 때문이다. 당신 스스로 결정을 내리기를 거부해야만, 하나님이 당신의 삶 속에서 행하시고 완벽한 배우자와의 완벽한 사랑으로 인도해주실 수 있음을 기억하라.

이제는 기존 기독교 연애 상담에서 주장하던 것들이 얼마나 문제가 있는지를 분명히 알아야 한다. 완벽한 사랑 같은 것은 없다. 사람들은 완벽하지 않고, 그들의 사랑 이야기도 완벽하지 않다. 그리고 하나님은 사람들이 자신의 삶에 대한 모든 책임을 내려놓는다는 조건을 걸어두고 포상으로 로맨틱한 환상을 이뤄주시는 분이 아니다. 그리스도인의 신실함은 생각과 행동을 포함하며, 신실함의 열매는 어떤 상투적인 시나리오보다 훨씬 더 흥미진진하다.

또 연애에 대한 환상은 기독교의 이야기와 다른 이야기에 뿌리를 두고 있다. 연애에 대한 환상은 인간의 근본적인 문제가 고독이라고 간주하며, 그것의 해결책으로 로맨틱한 사랑을 처방한다. "그 사람"을 만나서 결혼하면 당신의 문제는 모두 해결된다는 것이다. 당신은 완벽하고, 당신의 배우자도 완벽하며, 당신들의 관계도 완벽하다. 즉 두 사람이 서로에게 필요로 하는 것은 "친밀감"뿐이며, 두 사람이 함께 있으면 다른 누구에게 아무것도 받을 필요가 없다. 연애가 두 사람을 각자의 고독에서 구해주고, 서로에 의해 모든 필요가 충족되어 더 이상 필요한 것이 없는 미래로 들어가게 해주는 것인양 말한다.

기독교도 고독이라는 문제에서 시작된다는 것은 같다. 즉 사람들이 서로에게서, 또 하나님에게서 멀어진 것이다. 그러나 기독교 신앙의 관점에서, 인간이 처한 곤경은 결혼하고 싶지만 하지 못한 사람이 느끼는 갈망보다 훨씬 더 깊이 들어가며, 해결책 또한 독실한 신자들에게 결혼 중매 서비스를 제공하는 것보다 훨씬 더 멀리 나아간다. 찰스 웨슬리는 "비바람이 칠 때와"라는 찬송가 가사를 통해, 인간의 곤궁과 하나님이 그리스도 안에서 그 필요들을 채워주시는 해결책들을 보여준다. 즉 죄는 용서로, 죽음은 생명으로, 질병은 치유로, 약함은 강함으로, 두려움은 격려로, 절망은 희망으로 해결해주시는 것이다.

그는 이 찬송가에서 독신이나 결혼을 언급하지 않는다. 이것이 오늘날 쓰인 곡이라면 분명 그중 하나나 혹은 둘 다 이 찬송가의 주제로 쓰였을 것이다. 기독교 전통은 독신을 인간의 근본적인 문제로 보거나 결혼을 구속의 중요한 혜택으로 본 적이 없다. 사실 교회사를 보면 그리스도인들이 결혼의 긍정적인 가치를 보기가 어려웠던 때도 있었다. 그러나 현대 교회의 어떤 부분에서는 이것이 또 다른 극단으로 치우쳐 있다. 결혼을 소외된 삶으로부터 사람들을 구원하는 중요 수단으로 여기는 것이다.

따라서 많은 현대의 그리스도인이 그 렌즈를 통해 결혼을 낭만적인 환상으로 해석하게 되었는데, 역설적이게도 그것은 오히려 분열과 고립을 가져온다. 로맨스는 오로지 하나의 참된 사랑에만 초점을 두어, 결국 사람들을 다른 실질적인 인간관계로부터 떼어놓는다. 그리고 사회학자들이 말하듯이, 든든한 친구들과 가족의 네트워크로부터 분리되는 것은 현대의 결혼생활을 불안정하고 깨지기 쉽게 만드는 요인이기도 하다.

진정한 사랑

아마도 현대의 그리스도인에게 필요한 것은 사랑일 것이다. 여기서 우리가 말하는 것은 "진정한 사랑"이지 "완벽한 사랑"이 아니다. 진정한 사랑은 결합력이 있으며 공동체를 형성한다. 그것은 사람들을 가족과 교회의 네트워크로 묶어 서로 돌아보고 의지하며 또 하나님을 의지하게 한다. 남편과 아내, 이웃과 친구, 자녀와 손자, 과부와 고아, 모두 하나님께 입양되어 교회라는 가정을 이루며 서로 사랑하고 돌아보아야 한다. 그 사랑과 돌봄에는 부부의 하나 됨도 포함되지만 다른 인간관계들도 포함된다. 그 모든 관계는 진정한 연합, 진정한 친밀감, 다른 사람들과 함께하는 진정한 기쁨, 세상에서 하나님의 구속 사역에 진정으로 참여하는 것을 포함한다.

진정한 사랑의 대상은 단 하나가 아니다. 즉 당신은 미래의 배우자를 만날 때까지 사랑을 미룰 필요가 없다는 뜻이다. 로맨스보다 더 중요한 것들이 있다. 그리고 부부간의 사랑은 다른 사람들, 즉 당신의 부모나 형제자매, 이웃과 친구들에게 보여줄 수 있는 다른 인간적인 사랑들과 공통점이 아주 많다. 그리고 많이 연습할수록 더 잘하게 될 것이다. 사람들은 사랑하고 사랑받음으로써 사랑을 배운다. 다른 사람들과 서로 깊이 알아가는 연습을 미리 해두었다면, 배우자를 사랑하는 법을 배우기가 훨씬 더 쉬울 것이다.

진정한 사랑은 베풀수록 더 커진다. 여기저기 나눠주다 사랑이 바닥나지 않을까 염려하지 않아도 된다. 당신이 결국 결혼하지 않을 사람과 친밀한 우정을 나누게 되면, 그 사람이 당신의 마음 일부를 가져가 버려서 당신의 마음이 전보다 더 작아지지 않을까 염려할 필요도 없다. 물론 당신이 어떤 사람과 결혼하길 바랐는데 그렇게 되지 않으면 괴로울 것이다. 그러나 그 마음의 고통 중 많은 부분은 사랑이 깨져 실망한 데서 오는 것이 아니라, 사실상 두 사람이 서로를 사랑으로 대하지 않았기 때문에 오는 것이다. 당신과 당신의 상대가 정말로 서로 사랑하고 진심으로 서로를 잘 대한다면, 둘의 관계가 결혼까지 이어지든 아니든 당신은 그 관계 속에서, 또 그 관계를 통해 성장할 것이다.

진정한 사랑은 시간이 흐를수록 깊어져 큰 의미를 가진다. 서로를 충분히 잘 알게 되어 실제로 서로에게 중요한 사람이 된 후에 불꽃이 튀기를 기다려야 한다. 진정한 사랑은 많은 사람의 주목을 받는 브로드웨이 뮤지컬보다는 동네 극장에서 상연되는 연극에 더 가깝다. 즉 집에서 만들고, 즉흥적이며, 서로를 위해 무엇을 만드는 데서 오는 웃음과 기쁨으로 가득하다.

진정한 사랑은 당신이 완벽하지 않고 당신이 아는 누구도 완벽하지 않다고 가정한다. 모든 일과 모든 사람에게 완벽함을 요구하는 문화에서 이것은 언뜻 이해되지 않을 수 있다. 우리는 소비 사회에 살면서 충분히 오랜 시간 쇼핑할 의향만 있으면 정확히 원하는 것을 얻을 수 있다는 말을 듣는다. 그러나 소비에서도 이는 그렇지 않을 때가 많다. 그리고 '관계'에서는 더더욱 사실이 아니다. 따라서 완벽한 사랑에 대한 환상은 우리에게 거짓말을 믿을 것을 요구한다.

완벽한 짝을 찾는 것을 포기한다는 것은 차선에 만족한다는 뜻이 아니다. 그것은 진정한 최선을 받아들인다는 의미일 수 있다. 즉 당신은 완벽하지 않지만 다른 누군가에게 적합한 사람이 될 수 있고, 다른 누군가도 완벽하지 않지만 당신에게 적합한 사람일 수 있다는 것이다. 진정한 사랑은 완벽하고 화려한 잡지 모델과는 전혀 닮지 않은 여자나 남자를 보고, 그녀의 진정한 아름다움이나 그의 진정한 힘, 이 사람을 당신의 훌륭한 짝으로 만들어주는 진정한 성품과 인격을 보게 해준다.

진정한 사랑은 또한 삶이 완벽하지 않다는 사실을 받아들일 수 있도록 돕는다. 어쩌면 당신의 가정에는 심각한 문제가 있을지 모른다. 당신은 어떤 질병이나 장애가 있을 수도 있고 돈이 부족하거나 빚을 지고 있을지도 모른다. 어쩌면 당신의 선택을 막는 가족이나 다른 책임들이 있을 것이다. 진정한 사랑은 이 짐들까지도 당신과 함께 짊어지려는 사람을 만날 수 있게 한다. 또 당신에게 이런 짐들이 없다면 당신이 그런 짐을 가진 사람과 함께하게 할 수도 있을 것이다.

진정한 사랑은 사실상 완벽한 사랑보다 더 발견하기 쉽다. 완벽한 사랑에 대한 환상은 오로지 한 사람, 친밀감과 사랑에 대한 당신의 모든 갈망을 충족시켜 줄 완벽한 상대에게만 초점을 맞춘다. 완벽한 사랑을 찾는 사람은 자신이 결혼 상대자로 여기지 않는 사람과 의미 있는 우정을 키워가는 걸 원치 않을 수 있다. 이성의 미혼자들과 친구가 되는 것이 혹시 실족할까 위험해 보일 수 있고, 또 연인 관계가 아닌 다른 사람과 우정을 쌓는 것이 중요하지 않게 보일 수도 있다. 이런 식으로 삶과 관계들에 접근하는 미혼자들이 외로운 것은 당연한 일이다.

반면 진정한 사랑은 다양한 깊이와 강도로 나타날 수 있고, 때로는 뜻밖의 장소에서 발견되기도 한다. 진정한 사랑은 당신과 비슷하거나 다른 사람들, 이미 당신의 가족인 사람들과 친구, 이웃, 학교 친구, 동료, 교회의 노부인들과의 우정을 귀하게 여긴다. 이런 범주에 속한 사람을 점심 식사에 초대하고, 몇 가지 질문을 해 보고, 그들의 이야기를 잘 들어주며 당신의 삶이 풍요로워지지 않는지 보라.

진정한 사랑은 결혼 상대자를 찾으려는 당신의 갈망을 솔직하게 해준다. 한 여성의 말이다.

"나는 사람들이 우선순위를 정하고 진정으로 데이트와 배우자 찾는 문제를 하나님께 맡기자 하나님이 영혼의 반려자를 만나게 해주셨다고 말하는 것이 듣기 싫다. 그것은 현재 사귀는 사람이 없는 미혼자에게 엄청난 죄책감과 압박감을 느끼게 한다. 이성에게 관심이 없는 사람은 뭔가 문제가 있을 뿐만 아니라 영적으로도 문제가 있다는 것 같다."

결혼같이 복잡한 문제에 대한 감정을 다룰 때 현재 당신의 관계를 확대경 삼아 당신의 영적 상태를 살펴보려 하기 쉽다. 또 당신이 깊이 갈망하는 관계를 기다릴 때 당신이 그것 없이도 행복할 수 있다는 걸 자기 자신과 하나님께 확신시킬 수 있어야 비로소 당신이 원하는 것을 얻을 수 있을 것으로 생각한다. 갈망과 불확실성을 안고 사는 것은 인간이라면 어쩔 수 없는 부분이다. 진정한 사랑은 당신이 무엇을 원하고 어떤 느낌인지에 대해 솔직하게 말할 수 있게 해준다.

진정한 사랑은 모든 연애가 결혼으로 이어지지 않을 수 있음을 인정한다. "사람들이 하나님께서 그 둘을 맺어주실 생각이 아니었으면 서로 사랑하게 하지 않으셨을 것으로 말하는 것을 들었다."고 한 남자가 말했다. 하지만 우리는 어떤 이유로든 현명한 선택이 아닌 사람과 사랑에 빠지기 쉽다. 당신이 어떤 사람을 사랑한다는 사실만으로 이 사람이 하나님께서 당신을 위해 택하신 짝이라든가 그 사람과 결혼하는 것이 좋을 거라는 증거가 될 순 없다.

그와 반대로 완벽한 사랑에 대한 환상은 정확히 그 사람이 하나님께서 당신을 위해 택하신 짝이라고 믿기 때문에 이 사람과 데이트를 하는 것으로 가정한다. 따라서 모든 관계의 어려움이 믿음의 시험이 된다. 하나님께서 두 사람을 만나게 하셨고, 두 사람이 계속 함께 있기를 원하신다. 이것이 사실이라면 그 관계를 유지하고 그것을 위해 노력하는 것만이 믿음의 행위인 것이다. 사람들은 몇 달, 몇 년 동안 관계가 더 악화되더라도 그것을 지속한다. 관계를 끝내는 것은 그리스도인답지 않게 보이기 때문이다. 진정한 사랑은 당신에게 이것을 요구하지 않는다. 진정한 사랑은 지혜와 신중함이 함께한다.

진정한 사랑은 당신에게 지혜롭게 행동할 것을 요구한다. 한 여성은 "예수님을 따르고, 당신의 남편을 위해 기도하면, 하나님께서 당신이 꿈꾸던 남자를 주실 것이다." 하는 책들을 읽었다. 그래서 계속 살피면서 기도하던 중, 한 남자가 나타나자 그 사람을 붙잡았다. 그러나 불행히도 그는 그다지 좋은 사람이 아니었고, 그녀가 그에게 보이는 위험신호들을 알아차렸을 땐 이미 너무 늦었다. 그녀는 깊은 상처를 받았다. 하나님을 신뢰한다는 것은 결코 당신 자신의 좋은 판단력을 사용할 필요성을 부인하라는 말이 아니다.

진정한 사랑은 또한 다른 사람들의 좋은 판단을 받아들인다. 당신에게 가장 좋은 것을 주기 원하고, 건전한 판단력을 가지고 있으며, 당신의 선택들로 삶에 영향을 받을 사람들이 많기를 바란다. 사랑과 결혼에 관한 당신의 결정은 당신 것만이 아니다. 그것은 당신이 이미 속해 있는 관계들의 요소가 된다. 당신이 이런 것들에 대해 다른 사람들과 대화를 나누려고 노력한다면 더 나은 결정을 내릴 수 있을 것이다.

모든 사람의 조언이 똑같이 좋은 것은 아니다. 예를 들어 어떤 부모들은 정말로 지혜롭고, 그들의 자녀들은 부모의 조언을 매우 진지하게 받아들이는 것이 좋다. 그러나 어떤 부모들은 이런저런 이유로 자녀들을 잘 인도할 수가 없다. 그런 경우라면, 당신은 더 현명한 다른 목소리들에 귀를 기울일 필요가 있다. 당신의 관계와 선택들을 섬세하고 정직하게 평가하도록 도와줄 수 있는 좋은 대화 상대들을 찾으리라 믿으라.

진정한 사랑은 당신 자신의 감정과 열망들을 고려할 수 있는 자유를 준다. 당신은 어떠한 사람과 결혼하기 원하는가? 우리는 흔히 결혼에 대한 갈망과 특정한 이와 결혼하고 싶은 갈망을 합쳐버리기 쉽다. 당신이 항상 결혼하기를 원했거나 당신이 계획한 결혼적령기에 다가가고 있다면, 지금 당신 곁에 있는 사람이 당신에게 맞는 사람이라고 생각할 것이다. 또한 지금 이 사람과 결혼하지 않으면 다른 기회를 잡지 못할 거라는 두려움을 갖기 쉽다. 진정한 사랑은 이 같은 갈망과 두려움에서 당신을 자유롭게 한다. 그럼으로 당신은 상대방과 그 관계에 대해 좋은 결정을 내리기 위해 최선을 다하고 당신의 미래를 하나님의 손에 맡길 수 있다. 그것은 원래 하나님께 속한 것이기 때문이다.

할리우드 말고, 복음에서 영향받기

마르틴 루터는 이른바 영광의 신학과 십자가의 신학을 대조시킨다. 영광의 신학은 석양과 대성당, 어디든 장엄하고 의기양양해 보이는 곳에서 하나님을 찾는다. 십자가의 신학은 베들레헴의 말구유, 겟세마네 동산, 예루살렘 성 밖의 십자가에서 하나님을 찾는다. 즉 십자가의 신학은 우리가 상상하거나 바라는 하나님의 모습이 아니라, 실제 하나님의 모습을 발견하게 한다. 인간의 연약함과 슬픔을 짊어지시고, 사망과 부활의 신비한 능력으로 그것을 변화시키시는 하나님을 말이다.

이성 교제에 관한 기독교 서적에서 발견되는 결혼에 대한 견해들은 너무나 많은 경우 본질적으로 영광의 신학에 속한다. 이 책의 저자들은 사실상 행복, 그것도 순전한 행복을 약속한다. 완벽한 배우자와 연애하는 것이 우리를 위한 하나님의 계획이라 확신하며, 그들의 조언을 따르면 그러한 행복을 누릴 것으로 말한다. 그리스도인의 연애, 그리스도인의 결혼, 그리스도인의 결혼생활, 이 모든 것이 완벽해야 한다고 생각한다. 할리우드에 영향을 받은 마음은 그런 완벽함을 갈망할 것이다.

그러나 그리스도인들의 마음은 복음의 영향을 받아야 한다. 복음은 성공 이야기지만, 그것은 역설적인 성공이다. 영광의 왕이신 예수님이 예루살렘에 작은 나귀를 타고 가신다. 그의 말씀을 듣는 자들에게 그의 생명을 함께 나누자고 하시면서 그의 죽음에 동참하라고 하신다.

> 누구든지 나를 따라오려거든 자기를 부인하고 자기 십자가를 지고 나를 따를 것이니라(마 16:24).

또 예수님께서 세상과 하나님을 화해시키실 때, 그 자신은 깊은 소외 속으로 들어가셨다.

> 나의 하나님, 나의 하나님, 어찌하여 나를 버리셨나이까(마 27:46).

정말로 신실한 그리스도인의 삶과 관계들의 중심에는 복음의 역설적인 특성이 있다. 결혼은 하나님의 좋은 선물이다. 그것은 부부와 그 자녀들, 그들이 속한 더 넓은 공동체의 삶 속에서 유익을 주는 강력한 존재가 될 수 있다. 그러나 결혼은 좋을 때도, 나쁠 때도 있다. 부유할 때도 있고 가난할 때도 있으며, 병들 때도 있고 건강할 때도 있다. 결혼한다고 해서 행복이 보장되거나, 결혼하지 않는다고 해서 꼭 불행한 것은 아니다. 결혼은 삶의 길 중 하나일 뿐이다.

결혼생활은 인생의 모든 불행과 슬픔을 겪으며, 동시에 하나님의 역설적이고 구속적인 사랑으로 성장해갈 수 있다. 그 가운데 좋은 소식이 있다면 그리스도인다운 결혼생활이 가능하다는 것이다. 그리스도인들은 지혜롭게 서로를 선택하고, 서로를 깊이 사랑하고, 자녀들을 기쁘게 맞이하며, 함께 신실하게 살고, 기쁨과 감사로 지나온 삶을 함께 되돌아볼 수 있다. 실제 삶의 매우 실제적인 도전들과 한계와 슬픔 가운데서도 진실한 사람들은 진정한 사랑을 발견할 수 있다는 것이다.

배우자 선택하기

당신이 한 친구에게 애착을 느낄수록 이 사람을 결혼 상대로 택하는 것이 타당할까 하는 의문이 들기 시작할 것이다. 그렇지만 어떻게 결정할 것인가? 이 관계가 안정적이고 만족스러운 결혼생활이 될 가능성이 있는지 어떻게 분별할 수 있을까? 우리가 몇 가지를 제안하겠다.

첫째, 그 사람의 인격을 생각해 보라. 친절한가? 정직한가? 다른 사람들의 감정을 배려하는가? 자기가 한 약속을 지킬 것으로 믿을 수 있는가? 그 사람의 행동을 존경할 수 있는가? 이런 질문에 하나라도 아니라는 답이 나오면, 이 사람은 결혼 상대자가 아니다. 경솔하고, 정직하지 못하고, 신뢰할 수 없고, 불친절하거나 다른 면에서 성격에 결함이 있다면, 무슨 일이 있어도 그 사람과 결혼해선 안 된다.

둘째, 당신이 그 사람과 얼마나 잘 어울리는지, 두 사람의 삶의 목적이 어느 정도 일치하는지 생각해 보라. 함께 보내는 시간이 즐거운가? 삶에서 이루고자 하는 것들이 서로 비슷하거나 최소한 양립할 수 있는가? 서로 경력을 키우는 데 도움을 줄 수 있는가? 함께 자녀를 기르는 모습을 상상할 수 있는가? 서로의 가정환경을 받아들이고 살 수 있는가? 두 사람의 믿음의 헌신이 서로 화합할 수 있는가? 서로의 약점이나 단점들을 수용해줄 수 있는가? 이 질문 중 어느 하나라도 아니라고 대답한다면, 서로 결혼하는 것은 좋은 생각이 아닐 것이다. 평생을 배우자와 다투며 사는 것을 원하는 이는 없다. 특히 결혼 전에 미리 알았던 문제들에 대해 계속 부딪히며 살 수는 없다.

어쩌면 우리가 굳이 이런 얘기를 할 필요가 없을지도 모르겠다. 누가 형편없는 인격을 가진 사람과 결혼하려 하겠는가? 누가 삶의 목표를 공유할 수 없는 사람, 또는 사이좋게 지낼 수 없는 사람과 결혼하려 하겠는가? 하지만 사랑에 빠진 사람이라면 "하지만 전 그를(그녀를) 사랑해요!"라는 말이 어떤 사람과 결혼할 충분한 사유가 되는 것처럼 생각한다. 사랑한다는 것은 멋진 일이다. 하지만 단지 사랑한다는 이유만으로 결혼할 순 없다. 당신이 형통하며 영속적인 결혼생활을 원한다면 그래선 안 된다.

마지막으로, 약혼을 고려하는 중이거나 결혼 전 어느 때라도 절대로 동거하지 마라. 혼전 동거가 그들 관계의 내구력을 테스트하고 이혼을 방지하는 데 도움이 될 것으로 믿는 이들이 있다. 그리스도인들이 동거에 대해 가장 자주 제기하는 반대 의견은 그것이 혼전 성관계를 수반하기 때문에 잘못이라는 것이다. 그런데 동거가 실제로 둘의 관계를 강화해준다면, 그런 반대 의견이 매우 얄팍해 보일 수 있다.

그러나 동거는 실제 미래의 배우자와의 동거라도, 관계가 깨질 위험이 줄어드는 것이 아니라 오히려 그 반대다. 동거 자체는 관계에 중점을 둔다. 만일 당신이 동거 중이라면 정말로 서로에게 헌신하는 것도 아니고 헌신하지 않는 것도 아니다. 그리고 균형을 유지하기가 매우 어렵다. 동거와 결혼의 근본적인 차이는 서로와 관계에 대해서 의무적인 헌신이 없다는 것이다. 함께 사는 것은 결혼을 향해 한 걸음 나아가는 것이 아니라, 다른 방향으로 한 걸음 나아가는 것이다. 아무리 좋게 보아도, 당신 미래의 결혼과는 상관이 없다. 가장 나쁘게 보면, 동거는 결혼생활의 불만족과 이혼을 가져올 위험 인자이다.

당신이 집을 두 채 마련할 여유가 없어서든 다른 어떤 이유에서든 동거를 고려하는 중이라면, 당장 멈추고 당신 자신에게 물어보라. 두 사람은 결혼하길 원하는가, 원치 않는가? 결혼하기 원한다면, 정식으로 혼인신고를 하고 결혼할 수 있다. 결혼을 원치 않는다면 괜히 같이 생활해서 파문을 일으키지 마라. 결혼에 대한 결정을 내리기 전에 상대에 관해 더 많은, 더 좋은 소통의 필요를 느낀다면, 6개월 동안 휴대폰과 컴퓨터를 끄고 서로 일주일에 한두 번씩 종이에 편지를 써보라. 그 기간이 끝나고 나면 서로의 마음이 굉장히 명확해진 것을 발견할 것이다. 이로써 동거의 복잡하고 부정적인 여정에 시달리지 않고도 자유롭게 현명한 결정을 내릴 수 있다.

탑 승 수 속

02
그리스도인의 결혼생활은 다르다

무엇이 기독교적인가?

　　　　　　　　　요즘은 결혼에 대해 어떤 생각을 가져야 할지 잘 모르겠다. 어떤 한편으로는 결혼이 매우 보편적인 것 같다. 특히 그리스도인들은 결혼하는 것이 기독교적인 것이라고 생각한다. 그들은 죄의식 없는 성생활을 위해, 자녀들을 낳기 위해, 혼자 살지 않으려 결혼한다. 또 가족 모임에 갈 때마다 "결혼은 언제 할 거니?"라는 질문을 받는 것이 피곤해서 결혼한다.

　그러나 또 다른 한편으로 많은 사람이 미혼으로 보내는 기간이 늘어나고 있다. 그들은 이전 세대보다 더 늦게 결혼하고, 더 자주 이혼하며, 결혼하지 않고 마음 맞는 친구와 함께 사는 경우가 훨씬 더 많아졌다. 또 결혼은 위태로울 뿐만 아니라 매우 위험해 보인다. 결혼생활이 악화되면 사람들이 상처를 입는다. 남편과 아내가 결국 분노와 원망을 품고, 지치고 외로운 상태에 이르며, 폭력을 행사하거나 구타를 당하기도 한다. 이 같은 가정에서 자란 여성의 말이다.

"우리 부모님을 보면, 도대체 왜 같이 사시는지 모르겠다. 결혼이 이런 거라면 난 하고 싶지 않다."

결혼이 불가능한 꿈이며 피할 수 없는 악몽처럼 보일 수 있다. 우리는 결혼하고 싶어 하면서도 두려워한다. 우리 부모님이 그랬던 것처럼 우리도 실패할까 두렵다. 우리도 배신당할까 두렵다. 불행해지고, 사랑받지 못하고, 상황이 더 나빠져 그냥 체념하고 살아야 할까 두렵다. 결혼은 어떤 사람은 잘 해내고 어떤 사람은 잘 해내지 못하는 일처럼 보일 수 있다. 그래서 우리가 그렇지 못한 사람이 될까봐 두렵다.

그러나 우리는 결혼하기 원한다. 도전할 용기와 성공의 비결을 발견하기 원한다. 하지만 그것이 무엇인가? 많은 그리스도인 청년이 가장 자주 듣는 조언은 하나님을 관계의 중심에 두어야 한다는 것이다. 그들은 이 조언을 마음에 새긴다. 우리가 결혼에 대해 강의할 때마다 더 많은 학생이 하나님을 그들의 관계의 중심에 두기 원한다고 말한다. 그러면 우리는 오히려 그들에게 되묻는다.

"그게 무슨 뜻입니까?"

그들 대부분은 확실히 대답하지 못한다. 우리 생각에 이 말은 기독교적인 결혼을 해서 실패를 막고 싶다는 그들의 열망을 달리 표현하는 것 같다. 그러나 그런 식으로 말하면, 채워 넣어야 할 빈칸이 많이 생긴다. 기독교적인 결혼이란 정확히 무엇이며, 무엇이 그것을 공고히 하는가?

기독교적인 결혼은 신랑 신부 둘 다 결혼식 때까지 순결을 지키는 것인가? 두 사람이 결혼 전에 절대로 이혼을 생각하지 않겠다고 확고히 결단하는 것인가? 남편과 아내가 성경을 읽고 함께 기도하면 그들의 결혼생활이 기독교적인가? 그저 같이 교회에 나가면 그것으로 충분한가? 그리스도인 부부는 꼭 자녀를 낳아야 하는가? 특별한 방식으로 자녀들을 양육해야 하는가? 성 역할에 대한 특별한 견해를 갖거나, 특정 방식으로 가정의 책임들을 분담해야 하는가? 그리스도인의 결혼생활에서 부부는 갈등을 어떻게 다루어야 하는가? 그리스도인의 결혼생활에 갈등이 있어도 되는가? 혹은 갈등이 있으면 이 관계의 중심에 하나님이 계시지 않다는 뜻인가?

이 장에서는 이런 몇 가지 질문에 답하기 위해 성경과 기독교 전통을 살펴볼 것이다. 기독교적인 결혼이란 무엇인가? 또 기독교적이지 않은 결혼은 무엇인가? 어떻게 하면 그리스도인들이 현대 문화 속에서 결혼생활의 실패에 대응하고 성공적인 결혼생활을 해나갈 방법들을 찾을 수 있을까?

결혼이란 무엇인가?

영국의 종교개혁 지도자인 크랜머 주교는 결혼을 "고결한 자산"이라고 말했다. 하나님은 타락 이전에 낙원에서 결혼을 제정하셨다. 그것은 인간이 생각해낸 것이 아니며, 본래 죄에 대한 응답이 아니었다. 결혼은 하나님과 인간들의 관계를 보여주는 것이다. 그리스도는 그 관계의 중재자 역할을 하시며, 따라서 결혼은 그리스도와 교회의 연합을 상징

하는 것이다. 가톨릭교에서는 세례받은 그리스도인들의 결혼을 성례로 이해해왔다. 개신교도들에게 결혼은 공식적으로 성례는 아니지만, 성례의 기능을 간직하고 있다. 결혼은 그 자체를 넘어 더 큰 연합을 가리키며, 신비롭고 실제적인 방식으로 그 연합에 참여하는 것이다.

크랜머 주교는 결혼을 고결한 자산이라 말하는 첫 번째 이유로 자녀의 출산을 꼽는다. 요즘은 이것이 많은 이에게 왜곡된 결혼관으로 비칠지도 모른다. 마치 중요하지 않은 것이 실수로 중요한 자리를 차지하게 된 것처럼 말이다. 우리가 아는 대부분의 젊은이는 자녀를 갖기 원하기는 하지만, 결혼생활을 이제 막 시작하거나 계획 중일 때에는 모두 확고하게 "아직은" 자녀를 가질 의향이 없다고 말한다.

결혼할 마음은 있지만 자녀는 아직 가질 생각이 없는 것은 피임을 쉽게 할 수 있는 현대 사회에서만 가능한 일이다. 그런 경우 자녀는 하나의 선택 사항이거나 부수적인 것으로 여겨질 수 있다. 부부는 언제 자녀를 가질지, 몇 명을 낳을지, 아예 자녀를 낳을지 말지를 자신들이 자유롭게 선택할 수 있다고 이해하는 것이다. 사실 이런 시각은 종종 환상에 지나지 않는다. 결혼한 부부들은 대개 그들이 "의도하지 않았던" 자녀들을 갖게 된다. 때로 부부가 적극적으로 아이를 바라지 않았는데 임신 소식이 들려오면 깜짝 놀라거나 실망하기도 한다. 이것은 남편과 아내가 계획했던 것이 아니다. 하지만 어떻게 결혼해서 성적인 관계를 가졌는데 임신했다고 실망할 수가 있는가? 우리는 결혼의 목적이 뭐라고 생각하는가?

물론 결혼한 부부만 "계획하지 않은" 임신을 경험하는 것은 아니다.

결혼하지 않은 커플이 임신을 해서 어쩔 수 없이 결혼하게 되는 일들이 있었다. 요즘은 이 경우 결혼하지 말라는 조언을 받는 경우가 많다고 한다. 꼭 "해야만 해서" 결혼하면 분명히 불행해지거나 끝내 이혼하게 되리라 생각하기 때문이다. 물론 일부 미혼자들은 결혼 상대로 적합하지 않은 사람들을 성적 파트너로 선택한다. 그런 관계 속에서 아이가 생기면, 그 사람과 결혼하는 것이 최선이라고 할 수는 없을 것이다.

그러나 예비 부모가 서로 잘 맞는 괜찮은 사람들이라면, 임신이 그들에게 결혼의 이유가 되기에 충분하다. 그것이 결혼의 목적 중 하나인 것은 틀림없는 사실이기 때문이다. 즉 당신이 자녀들을 기쁘게 맞이하고 양육할 수 있는 가정을 만드는 것이 결혼의 목적이다. 결혼에 관한 이러한 이해는 근본적으로 결혼에 대한 현대의 로맨틱한 개념들과 잘 맞지 않는다. 결혼은 본질적으로 두 성인 간의 사적인 관계라고 보기 때문이다. 그러나 전통적인 기독교 사상에서는 결혼은 두 성인이 자유롭게 선택해서 결합하는 것이지만, 그 결과로 생기는 공동체 역시 기쁘게 맞이해야 하며 자녀들은 가장 귀한 손님들이 된다.

하나님이 결혼을 제정하신 두 번째 이유는 "죄를 방지하고 간음을 피하기 위한 방책으로, 독신의 은사를 받지 않은 사람들이 결혼하도록" 하신 거라 크랜머 주교는 말한다. 이것은 시대에 뒤떨어지는 말로 들린다. 그러나 그가 이 글을 쓸 때는 새로운 사상이었고 은혜가 충만한 생각이었다. 교부시대와 중세시대의 목사들과 신학자들은 성과 결혼에 대해 분명히 부정적인 견해를 나타내는 경우가 많았다. 이런 부정적인 태도로 정조가 결혼보다 더 승격되고, 독신주의 윤리가 세속과 격리된 수사와 수녀뿐 아니라 성직자, 교구 목사에게까지 확장되었다.

중세 말이 되자 그 독신주의 윤리는 혼란에 빠졌다. 많은 교구 목사가 스스로 금욕의 맹세를 지킬 수 없다는 것을 알았고, 대신 정부와 관계를 가지며 살았다. 그들은 사생아를 낳았으나 아무 법적 지위와 상속권이 없었다. 독신과 결혼의 도덕적 상태를 다시 생각해 보는 종교 개혁은 이런 많은 성직자의 마음을 끌었다. 그것은 그들의 정부를 고결한 아내로 만들고 그들의 자식을 합법적인 자녀들로 만들 길을 제공해주었기 때문이다.

그런 맥락에서 결혼을 "죄의 방지책"이라고 부르는 것은 긍정적이다. 중세시대에는 모든 성, 심지어 결혼한 부부의 성도 도덕적으로 의심스러운 것으로 여겼고, 성적인 죄를 현실적으로 막는 유일한 방법이 독신이라고 생각했다. 이것은 독신으로 살 능력이 안 되는데 결혼이 금지된 사람들을 도덕적 곤경에 처하게 했다. 그러나 개신교도들은 결혼이 성직자를 포함하여 "독신의 은사"를 갖고 있지 않은 모든 사람에게 주시는 하나님의 좋은 선물이라고 믿었다. 여기서 독신의 은사란 순결 서약을 지킬 수 있는 능력을 의미했다.

오늘날의 문제와 어려움은 또 다르지만, 해답은 같을 것이다. 성적 혁명이 약속하는 자유는 많은 경우 속박에 더 가까워 보인다. 즉 두려움, 질병, 원치 않는 임신, 낙태, 몸과 영혼의 무감각에 대한 속박이 종종 무분별한 성행위의 결과로 나타난다. 아마도 우리에게 필요한 것은 폭풍우 속에서 중심을 잡아줄 닻, 관계 속에서 상대방뿐 아니라 우리 자신을 세워 발전하는 방향으로 우리의 성적 에너지가 흘러가게 할 방법일 것이다. 그래서 우리에게 필요한 것은 결혼이다.

크랜머에 따르면 결혼의 세 번째 이유는 "형통할 때나 시련을 당할 때나 서로 돕고 위로하며 살아야 하기" 때문이다. 인간은 공동체를 위해 창조되었다. 그들은 하나님의 형상을 따라 남자와 여자로 창조되었는데, 그 하나님은 거룩한 삼위일체로서 성부, 성자, 성령의 거룩한 공동체로 영원히 존재하신다. 결혼은 인간 공동체의 양식이며, 기독교적인 시각으로 볼 때 그것은 공동체 안에 존재하시는 하나님을 가장 면밀하게 반영하는 것이다. 결혼의 이러한 면은 성경 첫 부분에 가장 분명하게 나타나 있다. 창세기 2장에서 하나님은 아담의 갈비뼈로 하와를 창조하시고 하와를 아담에게 주신다. 아담은 "이는 내 뼈 중의 뼈요 살 중의 살이라 이것을 남자에게서 취하였은즉 여자라 부르리라."고 말한다. 창세기의 저자는 계속해서 "이러므로 남자가 부모를 떠나 그의 아내와 합하여 둘이 한 몸을 이룰 지로다."라고 이야기한다(창 2:23-24). 남자와 여자로 구별되어 창조된 인간은 결혼으로 이뤄지는 남편과 아내의 연합 안에서 완성되며 자신의 목적을 발견한다.

우리는 서로를 필요로 한다. 모든 사람은 다른 이에게 도움을 받아야만 살 수 있는 시기가 있다. 어린 시절, 노년기, 질병과 장애가 그것이다. 그리고 의존과 독립은 지금 건강하고 온전한 몸을 가진 한창때의 사람들의 삶에도 여기저기 얽혀 있다. 인간은 결혼과 상관없이 서로를 사랑하고 보살피는 법을 배워야 한다. 그러나 결혼생활은 적어도 삶의 모든 일 속에서 믿음으로 서로 인내하는 것을 연습할 수 있는 곳이다. 형통할 때나 시련을 당할 때나 늘 서로 돕고 위로해줄 기회이다.

이혼에 대해 생각해 보기

그리스도인들은 결혼생활을 위해 무엇을 할 수 있는가? 이를 위해 그들은 이혼에 대해 깊이 생각해볼 수 있다. 즉 왜 결혼생활이 이혼으로 끝나는지, 개개인의 그리스도인들과 교회 공동체들이 이혼에 반대하기 위한 노력은 무엇이며, 실제로 그 일이 발생할 때 개인들과 교회들은 이혼에 어떻게 대응할 것인지 생각해 보라는 것이다. 언뜻 이해가 안 될 수도 있다. 당신의 의도가 결혼생활을 유지하려는 것이라면, 이혼에 대해 생각하지 않는 것이 더 합당하며 "이혼은 선택사항이 아니다."라고 말하는 것이 더 옳다고 생각할 수 있다.

현실은 이혼이 단지 똑똑하고 도덕적인 사람들이 미리 선택하거나 선택하지 않기로 할 수 있는 것이 아니라는 것이다. 의지가 약하고 멍청한 사람들만 이혼할 위기에 처하게 되는 것이 아니다. 사실 "이혼은 선택 사항이 아니다."라는 말은 "나는 절대 이혼하지 않을 거라는 걸 알기 때문에 나의 결혼생활에서 생겨날 어떤 문제들의 결과를 걱정할 필요가 없다."는 뜻이 될 수 있다. 이렇게 문제를 무시하는 것이 직접 문제를 직면하여 처리하는 것보다 더 편할 수 있다. 그런 식으로 점점 더 커지는 문제들을 무시하고 회피하며 곪아 터지도록 내버려 두다 보면 급기야 폭발하고 만다. 그때는 이미 무엇을 하기에 너무 늦고, 이혼이 가장 나쁘지 않은 선택인 것처럼 보이기 시작한다. 전에는 진심으로 "이혼은 선택 사항이 아니다."라고 믿었던 사람들에게조차 말이다.

그렇다면 사람들은 왜 이혼하는가? 그들은 잘못된 사람과 결혼을 해서 처음부터 불행해질 운명이었을까? 너무 게으르거나 연약해서 결혼생활에 필연적으로 닥치는 어려움을 헤쳐 가지 못하는 걸까? 이혼에 관한 느슨한 민법, 또는 교회 내의 느슨한 도덕적 기준들을 보고 "쉬운 길"을 택하고 싶어서일까?

배우자를 잘 선택하는 것은 건강한 결혼생활을 만들어 가는 데 있어 중요한 요소이다. 그러나 처음에 좋은 선택을 한다고 해서 문제가 끝나는 것은 아니다. 삶은 여러 가지 선택으로 가득하며, 많은 선택이 결혼식 이후에 찾아온다. 당신이 배우자를 택할 때는 함께 여행을 시작할 사람을 택하는 것이다. 그 후에 두 사람이 건강하고 성공적인 관계를 이어가는 것은 그 여행 동안 함께하는 선택들에 달려 있다. 때로는 이혼으로 결혼생활의 막을 내리는 이유가 처음 선택을 잘못했기 때문이 아니라, 그 후의 많은 선택이 부부를 하나 되게 하기보다 서로 갈라놓았기 때문이다.

헌신은 평생 당신과 당신의 배우자를 더 가깝게 할 선택을 하는 데 있어 매우 중요한 요소이다. 그러나 추상적인 의미의 헌신보다 당신의 배우자, 또 두 사람의 공동 프로젝트인 결혼생활에 대한 실제적인 헌신이 더욱 중요하다. 추상적인 헌신은 사람들의 결혼생활을 유지해주지 않는다. 오히려 그로 인해 함정에 빠진 느낌이 들 때가 너무 많다. 실제적인 헌신은 공동의 삶을 건축하기 위한 지속적인 협력과 노력으로 나타난다. 이것은 좋을 때나 나쁠 때나 두 사람을 지탱해줄 만큼 깊이 뿌리를 내린 동반자 관계를 맺어줄 수 있다.

민법과 다른 사회 정책들이 우리 모두에게 미치는 영향은 우리가 생각하는 것보다 훨씬 더 크다. 상호관계와 지원이 잘 이루어지는 환경에 있을수록 부부가 강하고 지속적인 결혼생활을 구축해갈 가능성도 더 커진다. 그 반대의 경우도 사실이다. 고립과 경제적 문제, 그 밖의 압박감이 커지면 어느 부부라도 무너지기 쉬운 법이다.

또 교회 공동체들은 분명히 그 안에서 결혼생활의 건강과 내구력에 영향을 미친다. 그러나 교회가 실제로 특정한 부부와 그들의 결혼생활을 도와주고 있는가? 아니면 이혼을 말리고 이혼한 사람들을 비난하면서, 이것이 결혼생활을 돕는 것과 같다고 생각하는가? 실제로 후자의 전략이 사용되는 경우가 너무나 많다. 수락할 수 있는 이혼 사유에 제한을 두는 것도 방법 중 하나다. 종교 개혁가들은 유기와 학대를 포함하여 여러 가지 이혼 사유를 찾아냈다. 그런데 현대 개신교도들은 한 가지만 본다. 바로 간음이다. 어떤 그리스도인은 "나는 늘 간음이 성경에서 말하는 유일한 이혼 사유라고 배워왔다."고 고백했다.

그런 식의 이해는 마치 그것이 부부간의 불화에서 모호한 부분을 분명하게 밝히는 것처럼 보인다. 간음을 범했는가? 그렇다면 이혼을 해도 된다. 간음을 범하지 않았는가? 그러면 이혼은 불가하다. 이제 문제는 "해결"되었고 결혼생활은 "구제"되었다. 그것은 또한 권징의 모호한 부분을 명백하게 하는 것 같다. 어떤 부부가 이혼을 할 경우, 교회의 임무는 간음한 자를 밝혀내는 것이다. 그 사람이 죄인이고, 상대 배우자는 아무 책임이 없다. 그럴 때 교회는 간음한 자를 비난하고 그의 배우자(그는 잘못하지 않았기 때문에 사실상 용서받을 필요가 없다.)를 용서할 수 있고, 결혼생활을 위한 투사가 된 것에 스스로 만족감을 느낄 수 있다.

이것은 이론상으로도 좋은 것이 아니고, 실제적으로는 재앙이다. 편협하고 엄격한 기준으로 이혼의 당위성에 대해 흑백 판결을 내리려 할 때조차 골치 아픈 현실의 문제들이 너무 많기 때문이다. 어느 정도 불륜을 저질러야 간통으로 간주하는가? 성행위만으로 충분한가, 아니면 더 까다로운 조건이 있는가? 결혼 서약을 어긴 것이 성적인 부분이 아니라 다른 성격의 문제라면 어떻게 되는가? 그리스도인 배우자는 상대 배우자가 간음을 범하지 않은 한, 폭행이나 다른 형태의 학대를 다 감내해야만 하는가?

더욱이 책임을 따져 묻고 망신을 주며 간음하지 않은 이에게 책임을 면제해주는 것은 지나치게 단순한 생각이며 복음의 본질에 어긋나는 것이다. 기독교적 관점에서는 아무도 의로운 자가 없으며, 용서와 은혜는 모든 사람에게 주어지는 것이다. 이것은 다른 죄와 마찬가지로 이혼에도 그렇다. 용서와 두 번째 기회는 무죄한 사람들을 위한 것만이 아니다. 실제로 그런 사람들은 그것이 필요하지도 않다. 그것은 하나님이 죄지은 사람들에게 주시는 것이며, 우리 모두가 해당되는 것이다. 결혼의 실패는 다른 실패와 비슷하다. 즉 그것은 심각하고, 누구도 그 결과를 안고 사는 것을 원치 않는다. 그리고 그 상황에서 우리는 하나님이 주시는 회복의 은혜를 받을 수 있다.

애석하게도 교회들과 개인들이 이러한 이혼의 책임을 여성 쪽에 묻고 비난하는 경우가 얼마나 많은지 주목해볼 필요가 있다. 간음하지 않은 배우자에게 면죄부를 주는 것은 간음한 자가 아내일 경우에만 그렇다. 남편이 불륜을 저질렀다면 착한 그리스도인 아내는 남편의 곁을 지켜야 한다고 생각한다. 만일 그녀가 어떻게든 그와 이혼을 한다면 그로 인해 그녀에게 이혼의 책임을 지운다. 그리스도인 아내로서 자신의 책임을 다하지 못했다면서 말이다. 교회는 오히려 그 남편을 동정하며 품어준다. 그의 아내가 그에게 주지 못한 용서를 교회가 그에게 보여주려 하며 아내는 교회에서 쫓겨난다. 하나님은 이혼을 싫어하시기 때문이다.

교회의 이런 행동을 묘사해야 하는 것이 슬프지만, 안타깝게도 그런 경우가 너무 많다. 간음과 관련된 것이 명백해 보이는 경우에도 그렇고, 결혼생활의 문제가 다른 것일 때는 더하다. 이를테면 알코올 중독, 만성적인 기만, 포르노 중독, 돈에 대한 무책임, 자녀들이나 배우자의 학대 같은 문제들이 있다. 그 결과는 처참하다. 한 청년이 우리에게 자기 부모가 이혼했던 상황을 이야기해주었다. 폭력적인 알코올 중독자였던 그의 아버지는 어머니를 쫓아냈다. 교회는 그녀를 비난했다. 그녀가 남편 곁을 지키며 결혼생활을 유지하지 못했다는 것이다. "난 이것이 정말 싫다!"고 그 아들은 말했다.

"왜 우리 어머니가 교회 가기를 두려워하시고, 혹은 교회에 다녀온 후에 눈물을 흘리셔야만 하는가? 그리스도인들은 그리스도로부터 배워야 하는 것 아닌가? 그리스도가 어떤 사람을 거부하거나 경멸의 눈으로 쳐다보신 적이 있던가? 나는 그렇게 생각하지 않는다."

이것은 결혼생활을 도와주는 것이 아니다. 현재의 결혼생활을 더 강하게 해주거나 결혼의 실패와 이혼으로 상처받은 이들, 자녀들을 치료해주지 않는다. 교회는 분명히 더 나은 일을 할 수 있고 또 해야만 한다. 만일 교회 공동체와 개개인의 그리스도인들이 이혼으로 아픔을 겪는 사람들과 함께 아파한다면, 그로 인해 교회는 부부들이 결혼생활의 스트레스와 중압감을 이겨내고 그런 도전들에 잘 대처했을 때 오는 만족감과 자신감을 얻도록 도움을 줄 수 있을 것이다.

두려움 없는 사랑

"두려움 없이 사랑하고 싶다." 이것은 대다수가 느끼는 열망일 것이다. 어떤 의미에서 보면 이것이 인간에게 가장 중요한 것 아닐까? 우리는 다가올 시련에 대비하고 있어야 한다는 불안감 없이, 평온하게 사랑하기 원한다. 서로 약속을 주고받으며 양쪽 다 그 약속들을 지키기를 바란다. 우리의 마음을 열어 맘껏 사랑하고 우리 자신도 사랑받고 있다는 것을 알기 원한다. 그리스도인의 결혼은 두려움 없이 사랑이 자라갈 수 있는 장소가 되어야 한다. 결혼은 자녀들이 환영받을 수 있는 가정을 만들고, 안전하고 생명을 주는 성관계의 환경을 제공하고, 남편과 아내 사이에 서로 보살피고 지지해주는 관계를 확립하기 위한 것이다. 그것은 사람들이 사랑으로 하나가 되는 곳이어야 한다. 그 사랑은 하나님이 그의 백성들에게 주시는 사랑에 의해 자라난다.

그러나 우리는 타락한 세상에 살고 있고, 이런 일은 저절로 일어나지 않는다. 최고의 결혼생활에도 단점과 불완전한 점들이 나타난다. 그리고 결혼생활이 악화되면, 그 가정의 아이들에게 슬픔과 고통의 흔적이 매우 깊이 남는다. 그들 내면에는 스스로 더 잘하고 싶은 마음이 정말 간절하면서도, 종종 자신의 노력만으로 상황이 더 좋아질 가능성이 있을까 하는 깊은 회의를 느낀다.

이와 같은 상황에서 우리는 어떻게 사랑할 용기를 낼 수 있을까? 먼저 일반적으로 결혼생활과 신앙생활의 연관성을 기억해야 할 것이다. 때로는 결혼생활이나 어떤 관계에 심한 흥분이나 감정이 필요하지 않다. 그 대신 신앙생활의 본질을 이루는 기본적인 것들이 더 많이 필요하다. 바울은 그러한 것들을 "성령의 열매"로 묘사한다. 그것은 사랑, 희락, 화평, 오래 참음, 자비, 양선, 충성, 온유, 절제다(갈 5:22-23).

한 여자는 자신이 이와 관련하여 한 가지 실험을 했다고 설명했다. 그녀는 결혼한 지 15년 정도 되었고 그녀의 삶은 일상적인 문제들로 가득했다. 그 문제들은 그녀의 삶의 다양한 영역들과 관련되어 있었다. 학교, 직장, 자녀, 나이 드신 부모님, 돈 걱정 등. 물론 남편과 결혼생활 문제는 말할 것도 없었다. 그녀와 한 친구는 일주일 동안 각자 기회가 있을 때마다 자기 남편에게 의도적으로 친절한 말을 하려고 노력하기로 했다. "고마워요.", "감사해요.", "정말 훌륭해요.", "미안해요.", "내가 도와줄게요.", "나 좀 도와줄래요?" 등.

그 주가 끝날 때 그녀와 그녀의 친구는 만나서 정보를 교환했다. 그들의 가족의 삶에 나타난 효과는 정말 대단했다. 스트레스와 중압감은 여전히 있었지만, 그들과 그들의 배우자는 각각 비를 맞으며 혼자 일하는 것이 아니라 화창한 날 함께 일하고 있는 것 같았다.

이런 것들이 "그리스도인"을 다시 결혼생활로 돌아가도록 도와줄 수 있다. 그리스도인들은 결혼생활 안에서 영웅이 되도록 부름받지 않았다. 우리는 충실하고 애정이 넘치고, 또 그리스도의 영으로 충만하도록 부름받았다. 남편과 아내가 성령의 열매를 맺기 위해 함께 노력할 때 우리에게 할 수 있다는 자신감이 더 커질 것이다. 사람들은 서로 사랑하는 일에 실패하기가 너무 쉽다. 하지만 우리는 그리스도 안에 있는 하나님의 구속의 사랑을 나타내고 그 사랑에 참여하는 결혼생활과 가정을 만들어 갈 수 있다.

체크 인 --

03
두 사람이 함께 쓰는 이야기

이것은 하나의 이야기다

모든 결혼은 새로운 가정을 형성한다. 가정은 난데없이 생겨나지 않는다. 그것은 두 사람의 연합으로 만들어지며, 그 두 사람은 이미 각자가 자라온 가정의 영향을 받아 왔다. 따라서 결혼을 한다는 것은 완전히 새로운 책의 시작이라기보다 새로운 장의 시작에 더 가깝다고 할 수 있다. 우리 중에 처음부터 그 이야기에 들어가는 사람은 아무도 없다. 남편과 아내로서, 우리는 이미 진행 중인 이야기에 들어가며, 각자의 가족 이야기 속에서 다음 장을 이어갈 공동 저자들이 된다.

어떤 사람들에게는 그들의 부모와 조부모들에 의해 시작된 이야기를 성인이 되어 계속 이어간다는 생각이 즐거운 상상이 될 것이다. 그들의 가정은 행복하고 안정감이 있으며, 그들의 부모는 믿을 만한 양육자였고, 그들은 사랑과 지원과 격려의 분위기 속에서 자랐다. 그들은 자라서 자신들의 부모님처럼 되기를 원했을 것이다.

그러나 어떤 이들에게는, 그들의 미래가 어떤 식으로든 그들 가족의 과거와 연결되어 있을 거라는 생각이 거의 악몽에 가깝다. 그들의 부모는 서로 사랑이 없었고, 갈등으로 분열되거나 아예 결혼생활이라는 게 없었다. 이런 사람들은 관계나 결혼 문제에서 가족의 도움과 안내를 받고 싶지만, 그럴 수 없거나 그래서는 안 된다고 느낀다. 그들에게 과거는 잊어버려야 하고, 미래로 가져가지 말아야 할 것이다.

우리 대부분의 경우, 우리 가족의 현실은 이 두 극단의 중간쯤 어딘가에 있을 것이다. 가족 대부분은 강점과 약점을 둘 다 가지고 있고, 그들의 역사에는 기쁨과 슬픔이 모두 나타나 있다. 그리고 부모님이 이룬 가정이 아무리 모범적이어도 그것을 똑같이 복제할 수 없고, 반대로 우리 가족의 역사가 아무리 문제투성이라도 그것을 버릴 수 없다는 것을 깨닫는 것이 어른이 되는 과정의 일부이다.

우리의 과거가 어떠하든 간에, 이야기를 하는 것은 미래로 들어가는 데 있어 중요한 요소이다. 우리는 이야기로 만들어진 피조물들이다. 즉 우리의 특별한 가족들의 이야기, 더 큰 창조와 구속의 이야기들이 있다. 더 큰 이야기들은 그 자체가 바로 가족의 이야기이다.

한편으로는 인간 가족의 이야기이고, 다른 한편으로는 하나님의 가족 이야기이다. 우리가 누구이고 어디로 가고 있는지를 이해할 수 있으려면 이 이야기들에 대해 생각해 보아야 한다. 우리 가족의 이야기들로부터 어떤 영원한 원칙들을 뽑아낼 수 있다고 믿을지라도, 그 원칙들이 이야기들을 대신할 수는 없다.

성경은 본보기를 통해 우리에게 이것을 가르친다. 하나님은 이스라엘 자손들에게 율법을 주실 때 언젠가 그들의 자녀들이 율법의 의미를 물을 것으로 말씀하신다. 그럴 때 이스라엘 백성들은 정의나 이론으로 대답하지 말고 하나의 이야기로 대답해야 한다.

> 우리가 옛적에 애굽에서 바로의 종이 되었더니 여호와께서 권능의 손으로 우리를 애굽에서 인도하여 내셨나니(신 6:21).

기독교 예배의 가장 중요한 행위에 관한 말씀도 하나의 이야기이다.

> 주 예수께서 잡히시던 밤에 떡을 가지사 축사하시고 떼어(고전 11:23-24).

"이야기"는 성서 시대 이후로 하나님의 백성들이 가족의 일원으로 충실하게 살도록 돕는 데 꼭 필요한 요소였다. 그것은 우리가 현재에 가족의 충실한 일원으로 살도록 도와주는 데도 꼭 필요하다.

그렇다면 우리는 어떤 이야기들을 해야 하는가? 우리 가족의 이야기는 무엇인가? 태초부터 지금까지 존재해왔던 하나님 가족의 이야기들은 무엇인가? 그리고 그들이 과거에서 나와 그리스도 안에서 하나님의 구속 사역에 의해 만들어지는 미래로 들어갈 때 이 모든 이야기는 어떤 형태를 띨 것인가?

가정을 옭아맨 실들

우리는 모두 자신이 자란 가정에서 가족에 관한 첫 교훈을 배운다. 그 가족들과 그들이 세상에 존재하는 방식이 정상적인 가정생활에 대한 우리의 기준이 된다. 물론 무엇이 정상적인가는 가정마다 다르다.

가족 이야기를 하는 목적은 "좋은" 가정이나 "나쁜" 가정이라는 꼬리표를 붙이기 위함이 아니다. 가족의 이야기는 복잡할 뿐만 아니라 무서울 수도 있다. 우리는 타락한 세상에 살고 있고, 그늘 없는 가정은 없기 때문이다. 어떤 가정은 빛보다 그늘이 더 많다. 그런 그늘이 있다고 해서 꼭 누가 무엇을 잘못하고 있다는 뜻은 아니다. 단지 사람들이 고통을 받아 왔고 지금도 고통받고 있다는 뜻일 수 있다. 그것을 보고 솔직히 인정하는 것은 매우 어려운 일이다. 하지만 때때로 그늘은 가족의 범위 안에서 자행되어온 이미 알고 있는 잘못이나 서로가 입힌 피해와 연관이 있기도 하다. 그런 일들에 대해 진실을 말하고 듣기 위해선 굉장한 용기가 필요할 것이다.

어려움들이 기독교 가정에는 생기지 않을 것으로 생각하고 싶을지도 모른다. 때로는 이런 어려움의 영향을 받아본 적 없는 사람들이 이런 생각을 한다. 또 실제로 자신의 가정에 이런 문제들이 나타나는데도 여전히 그런 생각을 하는 사람들을 종종 볼 수 있다. 그러나 이들의 공통된 결과는 자신이 믿는 그리스도인 가정의 모습과 실제 가정의 모습이 너무도 다르다는 것이다.

그런 모순은 종종 어려운 환경에 처한 가족들이 느끼는 외로움과 고립으로 나타난다. 다른 사람들의 가정은 다 완벽한데, 우리 가정만 문제가 있다고 생각하는 것이다. 그들은 자신들의 어려운 환경에 대해 사실대로 말하기를 꺼리고, 다른 사람들도 진실을 말하는 걸 듣고 싶어 하지 않는다. 모든 사람이 그리스도인의 삶은 행복하고 승리하는 삶이라고 단정하기 쉽고, 당신의 가정이 그렇지 못하면 최소한 그것을 감출 정도의 체면은 있어야 하는 것이다.

우리는 슬픈 일들을 사실대로 말하기 꺼리거나 그런 얘기를 듣는 것을 꺼림으로 예수님이 오셔서 자유롭게 해주려 하신 것들에 계속 매여 있게 될 때가 너무 많다. 그것은 죄, 슬픔, 두려움, 가족 대대로 이어져 온 상처다. 이야기를 나누지 않으면, 아무도 더 나아지기 위해 도움을 구하거나 또 도움을 주지 못하기 때문이다.

우리는 어떤 종류의 문제들에 관해 이야기하고 있는가? 많은 가족의 이야기에 얽혀 있는 한 가닥의 실은 아버지의 부재다. 이상적인 그리스도인 가정은 아버지를 깊이 존경한다. 그러나 실제로, 또는 기능적으로 아버지들이 존재하지 않는 가정에서 많은 아이가 자라고 있다.

부모가 이혼하여 아이들이 어머니와 함께 살고 아버지는 자녀들의 삶 속에서 사라지거나 하찮은 존재가 된 가정들이 많이 있다. 그러나 아버지들이 부재한 또 다른 이유는 그들이 일하느라 너무 바쁘기 때문이다. 오랜 시간 일하거나 일 년에 몇 달은 출장을 가서 열심히 일하는 덕에, 아버지는 아이들과 함께 보낸 시간이 너무나 부족했다. 그런 아버지를 둔 아들들은 아무도 자신에게 남자가 되는 법을 알려 주지 않았다고 느낀다. 그런 아버지를 둔 딸들은 아무도 아버지의 사랑에 대한 갈망을 채워주지 않았다고 느낀다.

아버지의 죽음 또한 그러한 부재들 중 하나다. 그리고 이혼했거나 일에 미쳐 살았거나 또는 다른 어떤 이유로 이미 부재중이었던 아버지가 죽으면, 그 상처는 그렇지 않은 경우보다 훨씬 더 깊다고 한다. 부재중인 아버지를 향한 분노와 돌아가신 아버지를 향한 슬픔이 서로 조화되기란 너무나 어렵기 때문이다.

많은 이야기에 얽혀 있는 두 번째 실은 우리가 성적인 부정이라 부르는 것과 관련이 있다. 그리스도인의 성적인 이상은 혼전 순결에서 시작되어 부부간의 정절로 끝나지만, 인간의 성적 행위의 실상은 그보다 훨씬 더 복잡하다. 많은 가정이 간음으로 무너진다. 아버지도, 어머니도, 할머니, 할아버지, 숙모, 삼촌들도 바람을 피운다.

"우리 집이 이상한 건가요?"

한 젊은 여성이 물었다.

"왜 그렇게 많은 이가 속이고 바람을 피우는지 이해가 안 가요."

많은 가족이 또한 혼전 임신의 영향을 받아 왔다. 나이 든 세대들은 아기가 생기면 그 때문에 결혼했다. 요즘 세대도 그렇게 해왔을 것이다. 많은 경우 이런 임신은 가증스럽고 부끄러운 일로 간주하였고, 때로는 결혼 날짜와 첫 아이가 태어나는 시기를 맞추기 위해 여러 거짓말을 지어내기도 했다.

이런 성적인 문제들은 자녀들을 양육하는 가운데 표면으로 드러난다. 불륜이 흔한 가정에서는 아이들이 그것을 당연하게 여기게 된다. 때로는 노골적으로 그렇게 가르침을 받기도 한다.

"내 애인은 절대로 바람을 피우지 않는다고 했어요. 하지만 우리 할머니는 남자는 다 그렇다고 말씀하세요."

또 어떤 가정의 부모들은 자녀들이 부모의 행위를 따르지 말고 부디 부모의 말을 따르기를 간절히 바란다. 이것은 자녀들에게 매우 혼란을 줄 수 있다. 특히 부모가 자신들이 한 일에 대해 밝히지 않는 경우에 더 그렇다. 딸들은 때때로 자라면서 어머니가 남자 친구에 대해, 남자 친구와 해도 되는 일과 해서는 안 되는 일들에 대해 지나칠 정도로 엄격하게 규제하는 것을 매우 혼란스러워한다. 나중에서야 그 어머니들이 지금 딸들에게 강요하는 규제들을 젊을 때 자신들이 어겼다는 사실이 드러난다. 그럴 때 딸은 그 사실을 알고 충격을 받기보다 안도하는 경우가 더 많다. 이제야 어머니가 지금까지 이 문제에 대해 그렇게 불안해하셨던 이유가 이해되기 때문이다.

세 번째 어두운 실은 폭력의 실이다. 많은 그리스도인에게, 가정 폭력과 아동 학대는 입에 담기도 민망한 일이다. 그와 같은 일들은 그리스도인 가정에서는 잘 일어나지 않는다고 한다. 그러나 너무 많은 그리스도인 젊은이가 그러한 일들을 바로 그들의 가정에서 겪었다.

우리 아버지는 주일마다 교회에서 찬양 인도를 했다. 그리고 월요일, 화요일, 수요일, 목요일, 금요일, 토요일엔 집에서 구타와 욕설을 끊임없이 해댔다. 아무도 의심하는 이가 없었고, 혹 의심했다 해도 그것에 대해 어떤 조치가 취해졌을 것으로는 믿지 않는다. 모두가 다른 사람들의 가정사에는 관여하지 않는다는 무언의 법칙을 따랐기 때문이다.

가정 폭력에 관한 교회의 침묵은 그 폭력의 희생자들조차 그 잘못에 대해 확신하지 못하게 만든다. 우리에게 가정 폭력의 이야기를 털어놓았던 이들이 얼마나 많았는지 모른다. 동시에 그들은 자신들이 겪고 있는 것이 정말 가정 폭력인지 물었다.

"어린 시절 내 기억 속의 아버지는 집에서 어머니에게 소리를 지르고 접시를 다 깨뜨리고 문을 부쉈어요. 저는 우리가 읽는 가정 폭력에 관한 책이 제 삶과 많은 연관이 있다고 생각지 않았어요. 우리 가족은 '가정 폭력'이라는 용어를 사용하지 않아요. 다만 '고약한 성질'에 대해 이야기할 뿐이죠."

폭력적인 가정에서 자라는 아이들은 피해자가 되는 법을 배우고, 또 가해자가 되는 법을 배운다. 그들이 배우지 못하는 것은 힘을 나눠 가지고 서로의 존엄성을 지켜 주는 관계를 맺는 법이다. 학기 중에 한 청년이 우리에게 자신의 어린 시절 기억 중 하나를 이야기해주었다. 자기 아버지가 어머니를 땅바닥에 내동댕이쳐서 쇄골이 부러진 기억이었다.

"첫 수업 때 우리가 여기에 있는 이유를 물으셨죠. 전 거짓말했어요. 제가 뭐라고 했는지는 잊어버렸지만, 그건 사실이 아니었어요. 제가 여기 있는 이유는 건강한 가정이 어떤 가정인지 모르기 때문이에요. 남편 또는 아버지가 된다는 것이 어떤 것인지 저는 모릅니다."

많은 가정 이야기에 얽혀 있는 마지막 실은 비밀의 실이다. 비밀은 사생활과 다르다. 사적인 문제는 꼭 알아야 할 사람들, 또는 당신이 털어놓고 싶은 사람들에게만 말하는 것이 맞다. 그에 반해 비밀은 누구에게도 말하면 안 되는 것이다. 가족들은 어떤 사실이 참을 수 없을 만큼 고통스럽거나 부끄러울 때 그것을 비밀로 한다.

　때로는 모든 사람이 그 비밀을 알고 어떤 문제는 입 밖에 내면 안 된다는 것을 잘 알고 있다. 또 가족들이 비밀을 지키느라 바쁘면서도 그들에게 비밀이 있다는 것을 깨닫지 못하는 경우도 있다. 한 학생은 수업 중에 다른 친구들이 아픈 가족사를 나누는 것을 듣고 충격을 받았다고 고백했다.

　"저는 우리 가정에 아무 비밀이 없어서 참 좋다고 생각했어요. 그런데 수업 도중에 갑자기 깨달았어요. 우리 가족에겐 절대로 말하지 않는 거대한 비밀이 있다는 것을요."

　많은 가족의 비밀은 성이나 폭력의 문제와 관련이 있다. 레즈비언 자매, 게이 삼촌, 입양한 아기, 불륜으로 태어난 이복 형제자매, 폭행죄로 수감된 아버지, 수십 년 동안 맞고 살다가 이혼한 할머니……. 이런 것들이 바로 많은 가족이 이야기하기 어려워하는 일들이다. 그래서 그들은 말하지 않는다. 당신이 그것을 인정하지 않으면 없는 일처럼 될 거라는 바람에서다.

　아이들은 이것을 알아차린다. 그들은 가족들이 절대로 말하지 않는 일들이 정말 있는지 의심하는 법을 배운다. 그들의 감각과 기억을 믿을 수 있을까? 아니면 나머지 가족들처럼 그 가족에게 아무 비밀과 문제가 없다고 믿어야 하는 걸까? 아이들은 또한 질문하지 않는 법을 배운다. 가족은 이미 긴장 상태에 있다. 질문하면 긴장도만 더 높일 뿐이다. 그리고 그들은 어떤 일은 차라리 모르는 게 더 낫다는 걸 알게 된다. 그래서 묻지 않는다.

그러나 더러 아이들이 질문할 때가 있다. 그리고 때로는 부모나 다른 친척들이 진실을 말해준다. 그 결과는 변화를 가져올 수 있다. 가족 구성원들이 그들의 가족 이야기를 솔직하고 용기 있게 주고받게 되면, 비밀의 그늘이 아니라 진리의 빛 안에서 서로 사랑할 수 있는 것이다.

성경과는 다른 우리의 "성경적인 가정"

교회 일부에선 가정과 세상에서 가정의 역할에 대한 비전을 세우고, 이 이상적인 비전을 "성경적인 가정"이라고 부르는 경향이 있다. 이 성경적인 가정은 일반적으로 남편과 아내가 있고, 자녀들과 반려 동물이 있는 가정이다. 아버지는 일하러 가고 어머니는 집에 있다. 아마 자녀들은 기독교 학교에 다니거나 홈 스쿨링하고 있을 수도 있다. 그들이 공립학교에 다닌다면, 그 가족은 자녀들이 거기서 부정적인 영향을 받을까 걱정할 것이다. 그 가족은 소그룹 모임이 활발한 교회에 다니며 가족 모두 봉사를 한다. 또 그들은 자신의 가정과 같은 성경적인 가정들을 기반으로 강한 교회와 강한 국가가 세워져야 한다고 믿는다.

핵가족을 이상화하고 그런 가족의 행복을 교회와 국가의 성공과 밀접하게 연관 지으려 하는 것은 현대 교회의 중요한 특징이다. 그러나 실제로 우리가 성경에서 접하는 가정들은 어떠한가? 그리고 성경에 묘사된 가정과 교회와 더 넓은 사회의 관계는 어떠한가?

우리는 종종 성경 속에 등장하는 가족 형태가 현대의 핵가족과 전혀 닮은 점이 없다는 것을 알게 된다. 성경에 나오는 가족들은 어머니와 아버지와 어린 자녀들로 구성되는 개별 단위로 사는 것이 아니라, 성인이 된 자녀들과 인척들, 조부모, 하인들과 가축들까지 다 함께 살았다. 아브라함은 세 명의 아내와 여덟 아들이 있었다(창 16:3-4; 25:1-2). 이삭은 양과 소가 떼를 이루고 종이 심히 많으므로 블레셋 사람이 그를 시기하였다고 했다(창 26:14). 그의 아들 에서는 대여섯 명의 아내가 있었고, 적어도 다섯 명의 아들과 수가 명시되지 않은 딸들이 있었다(창 26:34; 28:9; 36:1-6). 에서의 쌍둥이 동생 야곱은 두 명의 아내와 두 명의 첩, 열두 명의 아들, 적어도 딸 한 명이 있었고, 애굽에 들어갈 때 며느리들을 제외하고도 그 가족은 칠십 명에 달했다(창 46:26-27).

성경에 나오는 가정들은 또한 "성공적인" 가정이 아니었다. 오늘날 흔히 가정이나 교회를 부끄럽게 하는 것으로 간주하는 행위를 어떻게든 피해온 것을 성공이라고 생각한다면 말이다.

아브라함은 하나님이 약속하신 아들을 빨리 주시지 않을 것처럼 보이자 첩을 들였다(창 16:1-3). 그의 아들 이삭은 아버지로부터 아내에 대해 거짓말하는 것을 배웠다(창 20:1-2; 26:6-7). 이삭의 아들, 야곱은 그의 어머니와 공모하여 형과 아버지를 둘 다 속였다(창 27장). 야곱의 맏아들, 르우벤은 아버지의 첩 중 한 명과 성관계를 가졌다(창 35:22). 야곱의 또 다른 아들, 요셉은 아버지의 사랑을 과도하게 받았다. 그래서 그의 형들은 그를 노예로 팔아넘기고 죽은 것처럼 꾸몄다(창 37장). 족장 시대 이후로도 상황은 나아지지 않는다. 사사 입다는 이스라엘 백성이 사람을 제물로 바치면 안 된다는 사실을 잊어버리고, 자신이 전쟁에서 승리하면 누구든지 자기 집에서 제일 먼저 나와 자신을 맞는 사람을 제물로 바치겠다고 서원했다. 그 사람이 바로 자신의 딸이라는 것이 드러나자, 그는 서원한 대로 딸을 제물로 바쳤다(신 18:9-10; 삿 11:29-40). 다윗 왕은 간음을 범하고 다른 남자의 아내에게서 자녀를 낳았다. 그리고 그녀의 남편을 전쟁터에서 죽게 했다(삼하 11:1-17). 솔로몬 왕은 무려 후궁이 칠백 명, 첩이 삼백 명이었다(왕상 11:3). 아내 열여덟 명과 첩 육십 명을 두었던 그의 아들 르호보암은 그에 비하면 심지어 절제되어 보인다(대하 11:21). 그 다음에 호세아와 그의 간음한 아내, 고멜의 가슴 아픈 이야기가 나온다. 그들의 결혼은 하나님의 백성, 이스라엘의 부정에 대한 하나님의 슬픔을 나타내는 우화가 된다(호 1-2장).

신약성경에서는 적어도 구약성경 앞부분에서 본 엄청난 일부다처 가족까지는 발견하지 못한다. 그러나 그러한 가정의 묘사에 나타난 흠을 감추고 수정하는 데 큰 관심이 있었던 것도 아닌 것 같다. 마태복음 첫 부분은 예수님의 가계를 추적하는 족보가 나온다. 그 족보는 남자를 따라 이어지지만, 여자 네 명이 포함되어 있다. 그 네 여자의 이야기들은 각각 빛을 비추어 가정의 부끄러운 모습을 드러낸다. 그 여자들은 다말(시아버지로부터 부당한 대우를 받았고, 그가 그녀를 창녀로 생각하여 그녀를 임신시켰다.), 라합(실제로 창녀였다.), 룻(이방인), 밧세바(마태는 다윗과 그녀의 관계가 얼마나 부적절했는지를 독자들이 정확히 기억해내기를 원하는 듯이, "우리아의 아내"라고 언급한다.) 였다(마 1:1-17).

우리는 또한 신약성경에서 그리스도인 가정의 자세한 청사진이라고 할 만한 것은 발견할 수 없다. 성경에서는 마치 결혼하면 후에는 남편과 아내가 성적으로 서로에게 자신을 내어주도록 권면해야 한다고 하는 것 같다(고전 7:1-6). 또 아무도 결혼할 의무가 없고, 어떤 사람은 독신으로 사는 것이 더 나을 수도 있다(고전 7:25-31). 과부들은 독신으로 남아도 되고 재혼을 해도 된다(고전 7:39-40; 딤전 5:3-16). 그리스도인들은 같은 그리스도인과 결혼하려고 최선을 다하되(고후 6:14), 믿지 않는 배우자를 둔 그리스도인은 단지 그 이유만으로 이혼해선 안 된다(고전 7:12-16). 남편과 아내는 서로 복종해야 하며, 결혼이 그리스도와 교회의 관계를 나타낸다는 것을 알아야 한다(엡 5:21-32). 가족들은 복음에 합당하게 서로를 대해야 한다(골 3:18-4:1; 벧전 2:18-3:7).

우리는 신약성경에서 구원 이야기에 우선하여 등장하는 가족이 하나님의 가족임을 암시하는 구절을 자주 발견한다. 즉 결혼이나 혈육관계에 의한 것이 아니라 믿음과 입양으로 형성되는 가족이다(막 3:32-35; 롬 8:19-23; 갈 4:3-7). 성경에서 그 가족은 "믿음의 가정", "하나님의 집" 또는 단순히 "교회"로 불린다(갈 6:10; 딤전 3:15). 이 가족의 일원이 된다고 해서 인간들이 친족 관계나 결혼을 통해 관계를 맺게 된 사람들을 향해 느끼는 자연스러운 유대감이 없어지는 것은 아니지만, 깊은 의미에서 그런 유대감들을 상대적으로 생각하게 된다. 따라서 예수님이 종종 과장법을 사용하여 말씀하실 정도로 그것은 매우 중요한 사실이다.

땅에 있는 자를 아버지라 하지 말라 너희의 아버지는 한 분이시니 곧 하늘에 계신 이시니라(마 23:9).

죽은 자들로 자기의 죽은 자들을 장사하게 하고 너는 가서 하나님의 나라를 전파하라(눅 9:60).

무릇 내게 오는 자가 자기 부모와 처자와 형제와 자매와 더욱이 자기 목숨까지 미워하지 아니하면 능히 내 제자가 되지 못하고(눅 14:26).

하나님이 주신 율법을 가지고, 부모를 공경하고 배우자를 존중하는 것을 오랫동안 강조해온 사람들에게는 이것이 매우 이상하게 보였을 것이 틀림없다. 결혼은 엄숙한 종교적 의무가 아니었던가? 부모에 대한 자녀의 책임 또한 엄숙한 종교적 의무가 아니었던가? 물론 그렇다. 하지만 예수님이 지적하시듯이, 인간의 가정은 궁극적인 것이 아니다. 다가올 시대에 사람들은 장가도 시집도 가지 않을 것이다(눅 24:34-35). 하늘나라에는 많은 신랑, 신부가 있지 않을 것이다. 즉 한 명의 신랑, 예수님과 한 명의 신부, 교회가 있을 것이다(마 25:1-13; 계 21:2).

따라서 인간의 결혼과 가정은 그 자체가 목적이 아니다. 그와 같은 형식 아래서 사람들이 하나님의 가족의 일원이 될 수 있고, 그들 모두 그리스도의 신부로서 신랑과 하나가 될 그 날을 향해 함께 나아가는 것이다. 이와 같이 부부간의 연합을 상대적으로 생각하는 것은 그리스도인이 되는 데 있어 더 우월한 방법은 없다는 것을 암시한다. 결혼과 자녀 양육은 좋은 것이지만, 결혼하지 않은 자들과 자녀가 없는 자들도 똑같이 예수님의 제자로 부름 받고 똑같이 하나님의 가족의 일원이 된다. 핵가족과 같은 "가정 사역"의 한 가지 방향만을 큰소리로 선포하는 교회들의 수를 보면, 현대 교회가 정말로 이 복음을 믿는지 궁금해진다.

그러나 남편과 아내, 자녀들로 구성되는 현대 서구 사회의 핵가족을 "성경적인 가족"으로 여기는 것은 너무 제한적이다. 또 그것은 단지 문화적 특성을 나타내는 가족 형태라고 볼 수 있다. 성경에 핵가족이 등장하지 않는 것은 고대 사회의 경제적, 기술적 환경이 그것을 허용하지 않았기 때문이다. 사실 오늘날 세계에도 사람들이 핵가족으로 살고 있지 않은 곳들이 많이 있다. 그들의 사회적, 경제적 여건이 다른 가족 형태를 취할 것을 요구하기 때문이다.

하나님은 이 세상의 가정이 어떤 형태를 띠든 상관없이 모든 사람을 하나님의 가족에 포함시키신다는 것을 성경이 분명하게 말하고 있기 때문이다. 예수님은 결혼한 부모들만 그의 제자로 부르시거나 하나님 나라의 번영이 그들에게 달려 있다고 말씀하시지 않으셨다. 그 반대로, 예수님은 사람들에게 가족 간의 유대감이 어떠하든 간에, 그들이 예수님의 제자가 되고 싶다면 그것을 제쳐놓아야 한다고 말씀하셨다. 이전에 있던 배우자나 부모나 자녀들의 권리를 전면적으로 배제하는 것은 가족의 상황과 관계없이 누구나 자유롭게 하나님을 섬길 수 있고 그의 가족의 일원이 될 수 있도록 문을 열어 주는 것이다.

달리 말하면, "성경적인 가정"은 결혼한 부부와 자녀들이 아니다. "성경적인 가정"은 교회다. 그리고 그 교회의 사명은 인간의 가족들을 섬기는 것이 아니다. 가정을 섬김으로 더 넓은 사회, 즉 국가를 지원하는 것은 더더욱 교회의 사명이 아니다. 교회의 사명은 그리스도 안에서 하나님의 구속 사역과 변화를 일으키는 사역을 신실하게 증거할 수 있는 제자들을 만드는 것이다. 어린이 사역이나 부부 사역이 그런 제자들을 만드는 데 도움을 줄 수 있으면 더 좋다. 하지만 결혼과 가정이 교회 생활의 초점이 될 순 없다. 결혼과 가정은 구성원들의 비전이 그들 자신의 가정을 넘어 하나님의 가정까지, 또 그것을 넘어 하나님 나라에까지 이를 때 의미를 찾을 수 있다.

기독교 가정의 특징

그렇다면 그리스도인의 가정은 어떠한가? 한 가족의 기독교적인 특징이 벽에 걸어놓은 성경 구절보다 더 깊다는 것을 어떻게 알 수 있는가? 한 가지 방법은 특정 가족이 하나님의 가족에게 나타나야 할 특성들을 어떤 식으로 나타내고 있는지 질문해 보는 것이다. 물론 어떤 가족도 그러한 특징을 완전히 가지고 있을 수는 없을 것이다. 그러나 이런 식으로 가정에 대해 생각해 보면, 우리가 자라온 가정이 그리스도인의 삶의 모습에 얼마나 근접했는지, 그리고 얼마나 부족했는지 돌아보는 데 도움이 될 것이다. 그것은 또한 우리 가족 유산 중에 어떤 면들을 우리가 성인이 되어서도 계속 간직하고 싶은지, 어떤 면들을 물려주고 싶은지, 어떤 새로운 것에 마음이 끌리는지 생각하도록 도와줄 것이다.

그리스도인 가정에 나타나야 할 특징들 가운데 두드러진 것이 '대접'이다. 우리가 아직 이방인일 때에도 하나님은 우리를 환영해주신다. 우리를 그의 가족으로 삼아 주시고 그의 식탁에 앉게 해주신다. 따라서 그리스도인으로서 우리는 남을 대접하고 외국인과 나그네를 환영해주어야 하며, "너희가 여기 내 형제 중에 지극히 작은 자 하나에게 한 것이 곧 내게 한 것이니라(마 25:40)."는 그리스도의 말씀을 기억해야 한다.

어린아이들이나 더 넓은 공동체를 고려하지 않더라도, 대접하는 것은 그리스도인의 결혼생활에 꼭 필요한 미덕이다. 당신과 결혼한 사람만큼 낯선 사람도 없다. 우리가 매력을 느끼고 쉽게 이해할 수 있는 배우자의 특성들을 사랑하기는 쉽다. 하지만 우리가 서로를 친밀하게 알아갈수록 서로에게서 그리 매력적이지 않고 쉽게 이해가 안 가는 부분들을 반드시 발견하게 될 것이다. 상대방이 얼마나 복잡하고, 적어도 부분적으로는 이해할 수 없는 면들이 얼마나 많은지 알게 될 때에도 계속해서 서로 귀하게 대접할 수 있겠는가?

이것이 부족할 때 가족들은 스스로 외부인처럼 느낄 수 있다. 소외감의 원인은 성격에 있을지도 모른다. 출생 순서의 영향이 있을 수도 있다. 가운데 또는 막내로서 관심을 받지 못한다고 느끼는 것이다. 자신과 반대되는 것처럼 보이는 다른 가족 구성원의 어떤 점 때문일 수도 있다. 이를테면 나머지 가족들이 다 믿는 기독교 신앙을 거부한다든가, 공개적으로든 비공개적으로든 동성애자의 삶을 사는 것 등이다.

집안의 골칫덩어리에 대한 가족들의 반응은 종종 난감함, 분개, 그리고 '이 사람들만 달라지면 훨씬 더 좋아질 텐데!' 하는 식의 책임 전가다. 그러나 어떤 것이 달라지면 더 좋아지는 것이 사실이더라도, 이들은 지금 있는 모습 그대로 귀한 대접을 받아야 한다. 예수님은 세리들과 죄인들과 함께 식사하셨다. 성경은 예수님이 이를 악물고 그렇게 하셨다고 기록하지 않는다. 그리스도인으로서 우리는 아무리 골칫덩어리라도 우리 가족의 식탁에 같이 앉게 해줄 수 있는가?

그리스도인 가정에 나타나야 할 두 번째 특징은 '긍휼'이다. 하나님은 그리스도 안에서 인간 죄의 짐을 짊어지셨고 우리와 함께, 우리를 위해 고난을 당하셨으며, 그 가운데 우리를 죄와 사망의 권세에서 구원하셨다. 그리스도인으로서 우리는 그리스도의 고난을 본받아야 하며, 서로의 짐을 지고 구속의 신비에 동참해야 한다.

그리스도인 배우자나 미래의 배우자들이 서로의 관계 속에서 긍휼을 배울 수 있는 첫 번째 기회는 과거의 상실에 관해 이야기하고 그것을 함께 슬퍼하는 것이다. 모든 사람은 고난을 겪었고, 그 고난을 관계 속으로 가지고 들어온다. 하지만 행복에 관해 이야기하는 것이 슬픔에 관해 이야기하는 것보다 훨씬 더 쉽다. 슬픈 일들을 서로 이야기하고, 듣고, 그 상처가 주로 치유되었든 아직 생생하고 고통스럽게 남아 있든 간에 서로 긍휼히 여김을 주고받으려면 용기가 필요하다.

이것을 방해하는 흔한 장애물은 우리의 슬픔을 우리 혼자만 간직하고 있으려는 유혹에서 생긴다. 그와 더불어 다른 사람들의 고난에서 눈을 돌리거나 공감보다 해답을 제시하려는 유혹이 고개를 든다. 우리 사회는 매우 개인주의적이다. 우리는 사람들이 각자 자신의 문제를 해결할 수 있기를 기대한다. 특효약이 없는 상황이 발생할 때는 문제를 단지 비밀로 해두는 것이 모두에게 덜 당황스러운 상황으로 보일 수 있다. 남편과 아내는 서로 자신의 슬픔을 감춘다. 부부는 친구들과 다른 가족들에게 자신의 슬픔을 감춘다. 그런데 고통을 비밀로 하면 긍휼을 갖는 것이 불가능하진 않더라도 어려워진다. 당신이 모르는 짐을 같이 져 줄 수는 없다.

긍휼의 또 다른 장애물은 반감이다. 당신이 보기에 받아들일 수 없는 행동을 하는 사람들을 향해 긍휼한 마음을 품기는 어렵다. 그들이 자업자득하기를 바라기가 더 쉽다. 그러나 개개인과 가족들이 수치스러운 위기에 처한 가족에게 동정심을 갖고 다가갈 힘과 은혜를 발견하는 것은 가능하다. 이를테면 법적 분쟁이나 알코올, 마약, 성, 또는 돈 문제 같은 위기 말이다. 많은 경우에 가족들은 그러한 연민의 반응들을 돌아보며 그것을 가족 역사의 전환점으로 여긴다. 즉 그러한 때에 천천히, 그러나 결정적으로 더 좋은 변화가 일어나기 시작한 것이다. 하나님의 자비는 그것을 필요로 하는 우리 모두에게 임한다. 그리스도인으로서 우리도 그럴 만한 사람에게뿐 아니라 모두에게 긍휼함을 품어야 한다.

그리스도인의 가정에 나타나야 할 세 번째 특징은 '정의'이다. 하나님이 사람들을 대하실 때 항상 나타나는 특징이 바로 정의이다. 하나님은 그의 백성들에게 그의 기준과 바람들을 진실하게, 단도직입적으로 말씀해주신다. 그는 변덕스럽지 않으시고, 그의 원칙들은 날마다, 또는 사람들에 따라 달라지지 않는다. 하나님은 부당한 일이 발생할 때 슬퍼하시며, 사람들이 믿음의 가정 내에서나 그 경계선 밖에서나 서로 공정하게 대하기를 바라신다. 그리스도인들은 개인적인 삶과 가족 공동의 삶 속에서 하나님의 정의를 나타내려고 노력해야 한다.

공정한 가정 안에서는 규칙이 무엇인지 알고 있고, 또 그 규칙들은 모두에게 적용된다. 가족들이 서로를 대하는 모습에 공정성, 정직, 친절과 존중이 나타나며 아무도 이런 대우를 받지 못할 사람은 없다. 정의는 또한 규칙 이상이다. 그리스도인 가정은 아이들이 본을 통해 배움으로 복잡한 사람들과 상황들을 인식하게 되며, 섬세한 도덕적 사고와 행동 습관들을 형성해가는 곳이어야 한다.

공정한 가정 안에서는 갈등을 솔직하고 건설적으로 다룬다. 사람들은 상스럽게 행동하지 않고도 화를 내는 법을 발견한다. 누구든 화가 난 사람이 다른 사람의 주목을 받기 위해 소리를 지를 필요가 없이, 서로의 말을 경청하는 법을 발견한다. 더 많은 힘을 가진 사람이 힘을 행사하는 것이 아니라 서로 힘을 합쳐 문제를 해결하기 위해 노력함으로써 갈등을 해결하는 법을 발견한다.

이중 잣대는 정의와 양립할 수 없다. 한쪽 배우자가 존중을 요구하면서 정작 자신은 상대방을 존중해주지 않을 경우, 부모가 자녀들에게 자신의 행동을 보고 배우지 말고 자신의 말대로 행하라고 요구할 때, 어떤 때는 규칙을 강요하고 어떤 때는 그렇지 않을 경우, 전달되는 메시지는 분명하다. 이 가정 안에서 공정성을 기대하지 말라는 메시지다. 비밀로 하는 것 역시 정의에 매우 해가 된다. 진실을 말하는 것을 반대하는 가족의 규칙들이 있다면, 모두가 불확실성의 안갯속에 살고 있는 것이며 그 속에서 불의의 희생자들이 보호나 보상을 청하는 것은 불가능한 일이다.

진실을 말하는 것은 한 가정 안에서 정의를 추구하는 데 있어 반드시 필요한 첫걸음이 될 수 있다. 실제로 무슨 일이 일어나고 있는 것인가? 모두가 똑같이 이야기하고 있는가, 아니면 다양한 인식의 차이가 있는가? 단순히 그런 차이점들을 감춰 버리면 편할 것 같지만, 그 가정 안에서 진정한 공정성이나 연합이 이루어지기는 어렵다. 정의는 제일 먼저

다툼의 원인에 대해 진실할 것을 요구한다.

그리고 마지막 특징으로, '화해'는 모든 그리스도인의 가정에서 실천해야 한다. 복음의 중심에 화해가 있다. 죄는 인간과 하나님을 분리시키고, 또 서로를 분리시킨다. 구속의 역사는 인간들과 하나님 자신 사이에 생겨난 벽을 하나님이 허무시고 평화로운 공동체 안에서 하나님과 인간들을 서로 연합시키기 위해 관계를 다시 세우신 이야기이다.

사람들이 결혼하면, 가장 바라는 일들의 목록에서 평화로운 공동체가 맨 위에 가깝게 올라가는 경향이 있다. 비록 그것을 다른 이름으로 부르겠지만 말이다. 이를테면 "사이좋게 지내는 것"이다. 하지만 아무리 사랑하는 사람이라도 항상 사이좋게 지내기가 쉽지만은 않다. 선한 의도를 가진 사람들도 크고 작은 일들 가운데 서로 실망시키거나 상처를 줄 수 있다. 결혼과 가정생활을 잘해 나가려면 부부와 가족 구성원들이 이러한 상처와 실패들을 다루고 이겨내는 법을 발견해야 한다.

화해는 대개 인지된 문제들을 다루기 위한 의도적인 노력을 요구한다. 때로는 그냥 내버려두는 것이 더 경건해 보일 수도 있다. 정말로 내버려두어야 할 일들이 무엇인지 분별하는 것도 지혜이다. 그러나 특히 부부가 젊거나 아직 갈등과 오해와 상한 감정들을 건설적으로 다루는 습관을 형성하지 못했을 경우, 그냥 내버려두는 것은 매우 위험한 일일 수 있다. 그것은 평화가 아니라 평화에 대한 환상을 낳기 쉬우며, 그런 환상 아래서 매우 파괴적인 폭풍이 일어날 수 있다.

화해를 더욱 어렵게 만드는 것의 예로, 원한이 있다. 때로 사람들은 자신이 당한, 혹은 자신이 당했다고 생각하는 피해를 잊지 않으려 한다. 자신이 피해자라는 것을 잊지 않으려 하며, 이것이 다른 어떤 선택보다 더 만족을 준다고 생각한다. 배신당한 뒤에 다시 신뢰를 쌓는 것도 원치 않는다. 가해자가 정말로 미안해하고 더 좋은 관계로 나아가기를 진심으로 원하는데도 말이다.

그러나 반대로 가해자가 진심으로 미안해하지 않는 경우가 있다. 전혀 미안한 마음이 없거나, 그냥 용서받기 위해 슬퍼하는 척만 할 수도 있다. 그러고 나면 평상시로 돌아갈 것으로 기대하는 것이다. 이것이 또 하나의 일반적이고 강력한 화해의 장애물이다. 그리스도인들은 하나님께 용서하라는 명령을 받는다. 그러나 우리는 또한 죄를 회개해야 하며, 그것에 대해 핑계 대지 말아야 한다. 또 자신들이 끼친 해를 과소평가하지 말아야 한다. 상처를 준 사람들이 그 상처를 가볍게 여길 때 치유가 일어날 가능성은 거의 없다.

화해는 항상 가능한 일이 아니다. 때로는 회개가 없고, 때로는 용서가 없다. 또 때로는 관계가 너무 손상되었거나 관련된 사람들이 너무 큰 해를 입어서, 아무리 용서하고 회개해도 이 세상에서는 화해할 길이 열리지 않는 경우가 있다.

이러한 화해의 범위와 가능성의 한계는 그리스도인 가정생활의 다른 측면에서 나타나는 한계들과 비슷하다. 어떤 가정도 완벽하게 공정하거나, 완벽하게 긍휼을 베풀거나, 완벽하게 대접하지는 못할 것이다. 이 세상에서는 그렇다. 사람들은 한계가 있다. 가정도 한계가 있고, 결혼생활도 한계가 있다. 이것은 하나님 자신이 아니라 피조물의 특징을 나타내는 것이다. 우리가 그리스도인의 결혼생활과 가정을 세우고자 노력하는 동기가 지금 이곳에서 완벽해지려는 열망에 있다면, 우리는 끊임없이 실망할 것이다.

  그러나 우리의 동기가 하나님의 가정을 본보기 삼아 우리 가정을 세우고, 우리 자신과 우리의 결혼생활과 가정에 하나님이 주시는 은혜가 나타나는 것이라면, 우리의 모든 한계와 불완전함에도 불구하고 선한 일들이 강력하게 일어날 수 있다는 것을 발견할 것이다. 대접, 긍휼, 정의와 화해는 우리의 삶과 가정에 나타나는 현실이 될 수 있고, 우리는 그것들이 가져오는 변화에 깜짝 놀랄 것이다.

동 행 의 기 술

04
갈등을 평화로, 배우자와의 우정

평화는 거저 얻을 수 없다

서로 똑같은 사람은 아무도 없다. 그 단순하고 명백한 사실에 삶의 가장 큰 기쁨이 있고, 동시에 삶의 가장 큰 도전이 있다. 사람들은 강점과 관심, 생각과 능력이 다 다르다. 개개인이 결혼에 끌리는 이유 중 하나는 배우자와 우리 자신의 다른 면들로부터 즐거움과 유익을 얻을 것을 기대하기 때문이다. 우리는 독신 생활에서는 발견하기 힘든 풍요로움과 다양성이 결혼생활에 있기를 기대한다.

그러나 개인들과 그들의 독특한 특성들이 항상 깔끔하게 맞물리는 것은 아니다. 우리가 사는 불완전한 세상에서 서로 다른 점들은 반드시 갈등을 일으키게 되어 있다. 서로 다른 강점들은 협력보다 경쟁을 유도하며, 서로 다른 필요들은 자발적인 섬김보다 분노를 품게 한다. 기대했던 함께하는 삶의 풍요로움은 화합보다는 오히려 혼돈에 더 가까워 보이기도 한다.

평화는 그냥 이루어지지 않는다. 서로 다른 점들은 저절로 해결되지 않는다. 남편과 아내가 서로 조화를 이루며 살려면 그냥 가만히 앉아 가장 좋은 것을 기대만 하고 있으면 안 된다. 즉, 적극적으로 평화를 일구어내야 한다. 갈등을 인정하고 파괴적인 방법보다 건설적으로 협상해야 한다. 그러고 나면 관계가 성장하고 변화하며 예전보다 더 강해지고 더 좋아진다.

이것은 모든 가정에서 배울 수 있는 교훈이 아니다. 우리 학생들의 가정에서도 그랬다.

"저는 집에 가는 게 싫어요. 우리 부모님은 항상 사소한 싸움을 하세요. 전 그게 싫지만, 부모님께 무슨 말을 할 수 있겠어요?"

"어릴 때 부모님이 싸우시는 소리를 들었던 기억이 나요."

"부모님은 항상 이미 활활 타고 있는 불을 끌 생각은 않고 계속 더 많은 장작을 던져 넣으시는 것 같았어요."

이 때문에 사람들은 아예 싸움을 회피함으로써 갈등을 해결하려고 한다. 말다툼으로 이어질 이야기는 하지 않는 게 더 낫다는 것이다. 상대방이 무슨 생각을 하는지 모르면 그것에 대해 싸울 수가 없다.

"저는 최대한 갈등을 피하려고 애쓰고 있어요."

한 젊은 남자가 말했다.

"제 생각은 싸움이 일어나지 않는 편이 더 좋고, 모두가 문제를 모르는 상태로 남아 있겠지만 그래도 평화로운 것이 더 낫다는 거예요."

이런 전략의 가장 큰 문제는 그것이 효과가 없다는 것이다. 갈등을 피하는 것은 갈등을 해결하는 것이 아니다. 우리가 아무리 그렇게 되길 바랄지라도 말이다. 약혼한 한 젊은 남자의 이야기다.

"제 스스로가 반대 의견을 내는 걸 원치 않았어요. 그게 화합과 공존에 더 도움이 된다고 생각하기 때문이죠. 그래서 문제를 보고도 어떻게든 해결되겠지, 큰 피해 없이 사라지겠지 하는 생각에 그냥 내버려두어요. 그래서 아무 문제가 없었다고 말할 순 없지만, 어쨌든 그 생각은 변함이 없어요."

하지만 당신이 갈등을 해결하려고 애를 쓰는데, 다른 쪽으로 나가는 출구를 발견할 수 없다면 어떻게 될까? 아무리 이야기하고 또 이야기해도 합의할 수 없다면 어떻게 할까? 서로 다른 점들을 해결하려고 애를 쓸수록 더 많은 차이점이 보인다면, 그러다 당신의 결혼생활이 '여기저기서 얻는 약간의 일시적 안도감과의 길고 끝없는 싸움'이 된다면 어떻게 할 것인가?

이렇게 불쾌한 전망에 직면하여, 사람들이 갈등을 쉽고 확실하게 해결할 수 있는 전략을 찾으려 애쓰는 것은 당연한 일이다. 일부 그리스도인들이 택하는 전략은 소위 전통적인 성 역할이며, 그것의 주된 특징은 의사 결정의 권한을 남편에게 일임하는 것이다.

그러나 성경이 정말 그렇게 가르치고 있을까? 남편과 아내의 관계를 이런 식으로 구조화하는 것이 정말로 평화로운 부부 관계에 도움이 될까? 우리는 그렇게 생각하지 않는다. 결혼에 대한 성경의 가르침을 주로 힘의 분배와 연관된 것으로 해석하는 것은 해석적 문제와 신학적 문제가 있다. 또 실제적으로 말해서, 효과가 없다. 부부 관계에서 의사 결정의 권한을 한쪽 배우자에게 일임하는 것은 기껏해야 싸움을 짧게 끝내는 데 도움이 될 뿐, 문제를 해결하는 데는 아무 도움도 안 된다. 최악의 경우, 친밀한 관계 속에 학대와 폭력을 지지하고 강화하는 통치의 이념을 주입할 수 있다. 그러나 틀림없이 이보다 더 나은 길이 있다.

> 화평하게 하는 자는 복이 있나니 그들이 하나님의 아들이라 일컬음을 받을 것임이요(마 5:9).

여기서 화평이란 정확히 무엇인가? 어떻게 하면 그리스도인 남편과 아내가 함께 항해하다가 둘 사이에 어떤 갈등이 생기더라도 서로 평화롭게 지내기 위해 노력할 수 있을까? 그들이 잘하고 있다는 걸 어떻게 알 수 있을까? 화평하게 하는 자가 된다는 것은 무슨 뜻일까?

관계 폭력

아마 완전한 세계에서는 폭력에 관해 생각할 필요도 없이 평화롭게 사는 것이 가능할 것이다. 그러나 우리가 사는 세계는 그렇지 않다. 이 세상에서 폭력과 학대는 최소한 평화와 평온함만큼 흔하고 또렷이 눈에 보인다. 그리고 평화와 폭력을 구분하는 선이 교회와 세상 사이에, 또는 그리스도인들과 비그리스도인들 사이에 그어져 있지 않다. 학대와 폭력, 그리고 그것들로 이끄는 충동은 기독교 기관과 그리스도인의 관계 속에서도 발견된다. 공식적으로, 그리스도인들은 주로 폭력을 개탄하며 제한하려 했다. 사람들은 하나님 나라에서는 모든 칼이 쟁기의 날로 바뀌고 더 이상 전쟁이 일어나지 않을 것으로 기대했다.

우리 시대에 폭력을 제한하는 것은 많은 그리스도인을 비롯한 사람들이 누릴 수 없는 사치로 여겨지게 되었다. 국가의 안전이 위협받고 있다고 느끼면, 필요할 경우 어떻게 해서든 전쟁을 수행할 수 있어야 한다. 교회의 안전이 위협받고 있다고 느끼면 성도들을 무장시킬 수 있어야 한다. 때로는 폭력이 필요할 때가 있다는 이러한 확신은 종종 최악의 가상적 시나리오로 표현된다. 절도범들이 당신의 집에 침입하여 당신의 가족들을 해치거나 죽이려고 한다고 가정해 보자. 당신 손에 무기가 있다면, 이 범죄자들을 쏘는 것이 정당하지 않겠는가? 그렇게 하는 것이 당신의 의무라고도 할 수 있지 않겠는가?

이러한 추론은 폭력이 분명히 필요한 것처럼 보이게 한다. 적어도 극단적인 상황에서는 그렇다. 하지만 극단적인 상황에서 폭력이 적절한 것이라면, 덜 극단적인 상황에서도 그렇지 않겠는가? 폭력이 마지막 수단으로서 적절하다면, 마지막 직전의 수단으로써, 또는 최초의 수단으로써도 적절하지 않겠는가? 결국 다른 모든 선택을 다 해볼 때까지 기다릴 수 있는 인내심을 가진 자가 누가 있겠는가? 당신이 원하는 것을 원하는 때에 얻으려 당신의 힘을 사용하는 것이 왜 안 되겠는가?

미디어의 오락물은 확실히 폭력을 이런 식으로 묘사한다. 많은 텔레비전 프로그램과 영화 속에서 폭력은 더 큰 이야기의 한 요소가 아니다. 그 자체가 이야기다. 이런 프로그램들은 폭력을 매우 잔인하게 묘사하지만, 법적으로나 인간의 고통과 관련해서나 특정한 결과를 수반하지 않는다. 또한 가해자와 피해자 모두 도덕적 잣대로 평가받지 않는 것처럼 묘사된다. 즉 어떠한 비난을 받아도 마땅한 나쁜 사람들과 무슨 말을 해도 정당한 선한 사람들이 있을 뿐이다. 메시지는 분명하다. 폭력이 규칙의 예외가 아니라, 바로 규칙 자체라는 것이다.

우리는 우리 자신의 많은 행위와 관계에 문제가 있다는 것을 주목할 것이다. 우리는 관계들 속에서 어느 정도의 비열함은 당연한 것으로 생각한다. 그래서 기분이 내키는 대로 잔인한 말을 내뱉는다. 버럭 화를 내고, 우리의 분노가 폭발한 것에 대해 핑곗거리를 찾거나 다른 사람의 탓으로 돌린다. 우리가 원하는 것을 얻기 위해 상황이나 사람들을 조종하고 통제하려 한다. 원하는 것을 얻지 못하면 소리를 지르거나, 부루퉁해 있거나, 협박이나 최후통첩을 하고 동료들이 동조하기 기대한다.

우리는 또한 서로서로 이러한 행위를 용납해준다. 사람들이 우리에게 상처를 줄 때에도 우리가 변명을 한다. 그 사람을 많이 사랑할수록, 또는 그 사람이 우리를 사랑한다고 믿을수록, 더 많은 변명을 하게 된다. 사실은 별로 중요하지 않은 일에 대해 우리가 유난을 떨고 있다고 스스로 믿는다. 결국 관계를 맺는다는 것은 아름다운 일이지 않은가? 우리가 그 관계의 맥락 속에서 받는 대우에 대해 너무 일일이 트집을 잡아서는 안 된다는 것이다.

그러나 이것은 친밀한 관계 속에 폭력이 들어올 길을 열어주는 것이다. 관계 폭력은 처음부터 폭력으로 시작되지 않는다. 그것은 로맨스, 또는 로맨스처럼 보이는 것에서 시작된다.

"우리는 매우 빨리 가까워졌어요. 만나고 나서 바로 다음날 공식적으로 데이트했으니까요. 그때 저는 모든 것이 흥분되고, 이런 게 바로 진정한 사랑이라고 생각했어요."

그런데 곧 언어적 폭행, 질투, 집착이 그 모습을 드러냈다. 상대방이 그녀가 뭘 할 수 있는지, 어딜 갈 수 있는지, 누구와 얘기를 해도 되는지 일일이 통제하기 시작했던 것이다.

"지금 그 관계를 돌아보면, 우리가 얼마나 엉망이었는지 알겠어요."

이것은 그들만 겪은 일이 아니었다. 배우자나 연인과 같은 친밀한 상대의 폭력은 해마다 수많은 이에게 일어나고 있다. 그 경우 대부분이 여자가 피해자고 남자가 가해자다. 여자가 피해자일 경우, 남자가 피해자일 때보다 신체적 상해를 입거나 살해를 당할 확률이 훨씬 더 높다. 그리고 이 문제는 젊은이들에게 점점 더 집중되고 있다.

폭력적인 관계를 가졌던 많은 이가 가정에서 자신의 역할을 다하는 법을 배웠다. 가정에 폭력이나 학대가 있을 때 자녀들(특히 여자아이들)은 계속 고개를 숙이고 가해자의 요구를 들어주는 법을 배운다. 다른 아이들(특히 남자아이들)은 남자가 되려면 여자들과 아이들을 지배해야 한다고 배운다. 이 아이들이 자라서 그들 스스로 관계를 맺게 될 때 자기들이 학습했던 역할을 그대로 반복하는 경우가 너무 많다. 젊은 남자들은 의도적으로든 본능적으로든 자신이 쉽게 지배할 수 있는 상대를 찾고, 젊은 여자들은 지배하는 남자들에게 마음이 끌린다. 그들은 익숙한 복종의 태도를 불러일으키고 편안함을 느끼게 해주기 때문이다.

다른 경우에 관계 폭력의 희생자들은 평화로운 가정에서 자랐지만 폭력을 용인하고 미화하는 문화 속에 포위되어 교회의 보호를 받지 못하고 있을 수 있다. 교회가 친밀한 관계들 속에 나타나는 폭력의 현실과 위험을 인정하지 않기 때문이다. 한 젊은 여자는 맨 처음 연애를 했던 경험담을 우리에게 털어놓았다. 그녀는 열네 살이었고 남자는 열여섯 살이었다. 그녀의 친구들은 남자 친구의 나이가 더 많은 것이 좋다고 생각했고 그녀도 그랬다. 하지만 따뜻한 말들 뒤에 모욕적인 말들이 따라오고, 통제와 고립과 신체적 학대가 뒤따랐다. 그녀를 밀고, 때리고, 물건을 집어던졌다. 그녀는 부모님에게 말하기가 두려워서, 청소년부 목사님께 얘기했다.

"그분은 내가 과민반응을 보이는 거라고 하셨어요. 실제로 그럴 리가 없다는 거죠."

그로부터 두 달 뒤, 남자 친구가 그녀를 성폭행했다.

"이때 저는 뭘 해야 할지 몰랐어요. 청소년부 목사님은 전에도 제 말을 믿지 않으셨으니 당연히 지금도 제 말을 믿지 않으실 것으로 생각했어요. 부모님께 말씀드리기는 너무 두려웠고, 아무에게도 말할 수가 없었어요. 그래서 이 끔찍한 비밀을 계속 마음속에만 품고 있었어요."

그녀는 자신의 말을 기꺼이 들어 주고 믿어 주며 그녀를 남자 친구로부터 보호하기 위해 그녀의 부모님과 관계자들의 협조를 요청해줄 사람을 발견할 때까지 참을 수밖에 없었다. 그리고 그때 그 남자 친구의 폭력성은 성폭행을 넘어 살인을 시도할 만큼 악화되어 있었다.

왜 이 청소년부 담당 목사는 그녀의 말을 믿어 주거나 그녀를 보호해 주지 않았을까? 이를테면 그녀를 전문가들에게 데려갔어야 했다. 분명 그는 그녀의 이야기가 사실일 리 없다고 생각했을 것이다. 아마도 그는 그 남자 친구를 알고 있었고, 그가 폭력을 쓸 사람이 아니라고 믿었을 것이다. 어쩌면 자신의 청소년 그룹 안에서, 자신의 교회 안에서, 자기가 아는 사람들 사이에서는 폭력이 일어날 리 없다고 믿었을 것이다. 아니면 폭력의 추악한 현실과 씨름하는 것보다 차라리 그녀가 터무니없는 거짓말을 한다고 가정하는 것이 더 편했기 때문일 수도 있겠다.

이유가 어찌 되었든 간에, 그와 같은 목회자들이 상당수 존재할 것이다. 기독교 사역자들, 특히 청년을 대상으로 사역하는 이들 가운데 학대와 가정 폭력의 문제를 단도직입적으로 다루는 사람은 거의 없다.

"23년, 거의 24년을 사는 동안 학대와 폭력적인 관계에 대해 가르쳐 준 목사님은 한 번도 없었던 걸로 기억해요."

최근에 결혼한 한 남학생의 말이다.

"우리 청년 그룹에선 그런 얘기를 꺼내지도 않았고, 대학부 목사님들도 그런 얘길 한 적이 없었어요. 왜 그렇게 숨기는 거죠?"

또 다른 학생은 이렇게 말했다.

"사람들이 가정 폭력은 그리스도인 가정의 문제가 아니라고 생각하는 게 당연해요. 아무도 그것에 관해 이야기하지 않으니까요."

이것은 좋은 현상이 아니다. 관계의 질을 높이는 것과 건강한 가정을 만드는 일에 관한 관심은 대다수의 그리스도인과 교회들의 자아상에 중요한 역할을 한다. 그 관심은 실제적인 도전들을 기꺼이 인정하고 해결하려는 자세로 이어져야 한다. 그것은 친밀한 관계들 속에서 나타나는 폭력의 위험과 실체를 포함한다.

달리 말하면, 그리스도인으로서 우리는 폭력과 학대를 인지하고 적절하게 대응하는 법을 배워야 한다. 절대로 불이 나지 않을 것으로 생각한다고 해서 화재로부터 우리 자신을 보호할 수 있는 것이 아니다. 오히려 그 반대다. 우리는 화재 경보 장치를 설치하고, 소방 훈련을 하고, 한 줄기 연기라도 보이면 즉시 소방서에 전화를 건다. 그렇게 하는 이유는 연기가 나는 곳에 불이 난다는 것을 알고, 그것을 그냥 내버려두면 우리나 다른 사람들이 죽을 수 있다는 것을 알기 때문이다.

친밀한 상대의 폭행도 마찬가지다. 급속히 가까워진 관계, 질투, 통제하려는 시도, 모욕적인 말, 가족과 친구들로부터의 고립, 폭력의 위협, 실제적인 폭력……. 이런 것들은 더 심각한 학대의 조짐을 나타내는 경고 신호들이다. 집에 난 불이 저절로 꺼지지 않는 것처럼 그런 것들은 저절로 사라지지 않을 것이다. 그리고 많은 경우에 불난 집에서 탈출하는 것보다 폭력적인 관계에서 도망치는 것이 더 어려울 수 있다. 불타는 집은 도망치는 피해자를 따라가지 않지만, 관계 폭력의 가해자들은 대개 피해자들을 쫓아가기 때문이다.

친밀한 상대의 폭력이 파괴적이고 치명적일 수 있다는 것은 곧 그리스도인 공동체가 그런 폭력에 적절하게 대응할 필요가 있다는 뜻이다. 즉 친구들과 가족들, 청소년 사역자들이 피해자를 보호해주고 가해자에게 책임을 지워야 한다. 이것을 위해 사회 복지와 법 집행 전문가들과의 협력이 필요할 것이다. 또한 공적인 장소와 사적인 장소에서, 그리스도인의 관계에는 폭력과 학대가 허용될 수 없다는 것을 분명히 해두어야 할 것이다. 교회는 결혼, 가정과 이성 교제와 관련하여, 모든 이에게 평화와 안전을 제공하는 곳이 되어야 한다.[1]

남자, 여자, 그리고 갈등

폭력은 피할 수 없는 것이 아니지만, 갈등은 피할 수 없다. 사람들은 무엇을 할지, 어떻게 할지, 그것을 하는 것이 좋은 생각인지에 대해 저마다 의견이 다 다를 것이다. 어떤 갈등은 우습게 보일 정도로 사소한 것일 수 있다. 치약을 밑에서부터 짜야 하는가, 중간부터 짜야 하는가? 그릇 닦는 수세미로 조리대를 닦아도 되는가? 난방기를 켜는 것이 나은가, 스웨터를 껴입는 것이 나은가? 등. 그러나 룸메이트나 배우자와 화장실 휴지를 어느 방향으로 걸어 두어야 하는지에 대해 다투어 본 적이 있는 사람이라면, 아무리 사소한 갈등이라도 그것이 더 큰 싸움을 일으키는 결정적 원인이 됨을 알 것이다.

때로는 단지 우리가 갈등이 있다는 것을 아직 깨닫지 못했기 때문에 더 깊은 갈등들이 그대로 남아 있을 수 있다. 표면에 드러난 갈등을 계기로 좀 더 깊이 파고 들어가 무슨 일이 일어나고 있는지 알아볼 수 있다. 그러나 때로는 더 깊은 갈등을 확인하거나 다루기를 주저할 때가 있다. 인지한 순간 그것이 관계를 집어삼키고 파괴해버릴까 두렵다. 많은 수의 그리스도인 청년이 이혼 문화에 익숙하다. 그들은 갈등 때문에 관계가 나빠지거나 끝날 거라는 두려움을 가지고 있다. 부부간의 불화는 필연적으로 결혼생활의 파괴를 가져오는 것으로 생각한다.

종종 이 시점에서 성경이 부부 관계에 대해 뭐라고 말하는지를 생각해 보게 된다. 이와 관련해서 특별히 중요한 성경 구절은 에베소서 5장 21-33절이다.

그리스도를 경외함으로 피차 복종하라 아내들이여 자기 남편에게 복종하기를 주께 하듯 하라 이는 남편이 아내의 머리 됨이 그리스도께서 교회의 머리 됨과 같음이니 …… 너희도 각각 자기의 아내 사랑하기를 자신 같이 하고 아내도 자기 남편을 존경하라(엡 5:21-33).

일부 그리스도인들 사이에서는 이 구절이 남녀 간의 친밀한 관계에서 의사 결정의 권한을 남자에게 주는 것으로 이해한다. 어떤 사람은 이렇게 말한다.

"나는 가정과 교회에서, 어떤 결정을 내려야 하는데 서로 의견이 일치하지 않을 경우 남자가 결정해야 한다는 뜻으로 에베소서 5장 말씀을 배웠다. 여자의 의견을 듣고 고려해볼 수는 있지만, 관계 속에서 최종 결정해야 하는 건 남자라고 말이다."

종종 이 확신은 "리더십"이나 "영적 리더십" 또는 "섬기는 리더십"이라는 말로 표현된다. 모두 다 에베소서 5장에 나오는 "머리"라는 단어와 같은 의미를 가질 것이다. 남편들이 리더가 되어야 한다. 남자 친구도 마찬가지다. 이것은 무엇을 뜻하는가? 그들이 결정을 내린다는 뜻이다. 또 다른 사람의 말을 들어 보자.

"많은 여성에게서 자신의 남편이 영적인 리더가 되어 논쟁에서 궁극적인 결정을 내려 주기를 기대한다는 이야기를 들었다."

이런 방식의 매력은 갈등이 즉시, 저절로 해결되는 관계를 약속하는 것처럼 보인다는 것이다. 왜냐하면 "머리"인 남편이 모든 결정을 내리기 때문이다. 따라서 어떤 갈등이든 다루기 힘든 것이 없어진다. 책임자의 자리는 비장의 카드이며, 그것을 쥐고 있는 것은 남자다. 남편과 아내가 서로 합의할 수 없을 것 같은 생각이 들면, 곧바로 남자가 이 비장의 카드를 써서 결정을 내린다. 그러면 갈등은 사라진다.

비록 실제로는 그렇지 않더라도 상상 속에서는 이것이 매력적으로 보일 것이다. 에베소서 5장은 성경에서 배우자의 서로에 대한 의무를 직접 이야기하는 몇 안 되는 성경 구절 중 하나이다. 이 구절을 전적으로는 아니더라도 주로 통제와 묵인에 관련된 것처럼 해석하는 것은 결혼 자체가 주로 통제와 묵인과 관련된 합의라는 강한 뜻을 풍기는 것이다. 정말로 이것이 긍정적인 결혼생활의 모습인가?

긍정적이든 아니든, 많은 그리스도인이 이런 그림을 그리기 바쁘다. 젊은이들은 모임에 참석해서 책을 읽고 결혼에 관한 설교를 듣는다. 그리스도인의 관계에서는 남자들이 이끌고 여자들이 따라야 한다는 조언을 듣는다. 그리스도인 여자가 주도권을 잡거나 어떤 결정을 내리는 것은 부적절하다고 말한다. 여자들이 통제하면 남자들은 무시당한다고 느낀다. 따라서 아내의 의무는 통제권을 남편에게 넘기는 것이다. 그러면 그는 존중받는다고 느끼고 그녀는 사랑받는다고 느낄 것이다.[2]

이것이 얼마나 효과가 있을까? 실제로는 그리 효과가 나타나지 않는다. 사람들은 이런 이상을 말하지만 그렇게 살지 않을 때가 많다.

"우리 어머니는 항상 남성의 머리 됨을 가르치셨어요. 어머니는 아버지가 가정의 영적 지도자이고 다른 모든 면에서도 지도자가 되어야 한다고 말씀하셨지요. 그런데 솔직히 말하면 우리 어머니는 기본적으로 가정의 모든 일을 책임지고 있으십니다."

그리고 이러한 이상을 따라 산다고 해서 결혼생활이 저절로 성공하는 것은 아니다. 또 다른 학생의 이야기다.

"우리 어머니와 아버지는 두 분 다 어머니가 아버지에게 '안 돼.'라고 말하는 것이 적절하지 않다고 생각하셨어요."

그녀의 부모님은 오래전에 이혼한 상태였다.

데이트 단계에서도 불만스러운 상황들이 발생한다. 남자들은 그들의 관계 속에서 자신이 "영적 리더"의 역할을 해야 한다는 것이 무슨 뜻인지 이해하지 못하고, 자신이 결정을 내려야 한다는 의무감 때문에 부담과 고립을 느낀다. 여자들은 왜 자진해서 리더가 되려는 남자를 찾을 수 없는지, 또는 왜 자신이 찾은 남자가 결정을 내리는 것을 원치 않는지 이해가 되지 않는다. 한 여성은 이렇게 설명했다.

"첫 남자 친구에게 그가 의사 결정자 이상의 역할을 해주길 기대했어요. 내가 관여하길 원치 않았다는 말이 아니라, 다만 "그리스도인 여성"으로서 나는 남자가 관계를 주도하도록 해야 한다고 생각했죠. 그건 끊임없는 싸움이 되었어요. '네가 결정해야 해!' '난 결정하고 싶지 않아. 네가 결정해!' 그리고 결국은 어떤 결정도 하지 못한 채 하루를 마치곤 했어요."

우리가 판단하기에, 남녀 관계를 이런 식으로 이해하는 것이 실제로 효과가 없는 주된 이유는 그것이 이론적으로 치명적인 결함이 있기 때문이다. 결혼은 근본적으로 갈등과 통제에 관한 것이 아니다. 머리 됨과 복종은 의사 결정과 묵인에 관한 것이 아니다. 그리고 에베소서 5장은 "영적 리더십"이나 "섬기는 리더십" 또는 다른 어떤 종류의 리더십

과도 관련이 없다. 적어도 리더십을 의사 결정 권한으로 이해한다면 말이다.

신약성경은 실제로 권력으로서의 리더십에 대해 거의 말하지 않는다. 그나마 나오는 말도 긍정적이지 않다. 마태복음 20장에서 예수님은 이렇게 말씀하신다.

> 이방인의 집권자들이 그들을 임의로 주관하고 그 고관들이 그들에게 권세를 부리는 줄을 너희가 알거니와 너희 중에는 그렇지 않아야 하나니 너희 중에 누구든지 크고자 하는 자는 너희를 섬기는 자가 되고 너희 중에 누구든지 으뜸이 되고자 하는 자는 너희의 종이 되어야 하리라 인자가 온 것은 섬김을 받으려 함이 아니라 도리어 섬기려 하고 자기 목숨을 많은 사람의 대속물로 주려 함이니라 (마 20:25-28).

이것은 "섬기는 리더십"을 권하는 말씀이 아니다. 섬김 자체를 권하는 것이다. 신약성경에서는 "머리 됨"도 자기 뜻을 다른 사람에게 강요하는 수단으로써 쓰이지 않는다. 고린도전서 11장 3절에서 사도 바울은 이 점에 관하여 하나님 아버지와 예수 그리스도를 남편과 아내의 본보기로 나타낸다. 그리고 성부와 성자가 다른 어떤 면에서 합의에 이르지 못할 때 성부 하나님이 거룩한 삼위일체를 대신하여 결정을 내리시는 일은 결단코 없다.

반대로, 성경에서 성부와 성자의 관계의 특징은 완벽한 평화로 나타난다. 예수님이 "내가 하늘에서 내려온 것은 내 뜻을 행하려 함이 아니요 나를 보내신 이의 뜻을 행하려 함이니라(요 6:38)."고 말씀하실 때 그의 요점은 하나님 아버지께서 지휘하시고 자신은 그저 들은 대로 행하는, 더 낮은 신이라는 뜻이 아니다. 그의 요점은 성부 하나님과 성자 하나님이 같은 생각을 하고 계신다는 것이다. 그들은 한팀이다. 같이 의논하고 계획을 세우셨다. 서로 역할은 다르지만, 즉 성부는 보내시고 성자는 보냄을 받으셨지만, 그들은 성령과 함께 이 거룩한 드라마의 공동 작가들이시다.[3]

우리는 남편과 아내가 서로의 관계 속에서 얻으려고 노력해야 하는 것이 바로 이것이라고 생각한다. 즉 한쪽 배우자가 지시를 내리고 다른 배우자가 신속하게 따르는 가짜 협력이 아니라, 진실한 대화를 하고 참된 관계에 반드시 필요한 진정한 타협하는 진짜 협력이다. 분명 이것이 에베소서 5장 21절에서 말하는 상호 복종에 더 가까우며, 그것은 뒤에 '양육', '보호', '사랑', '존경' 같은 단어들과 함께 모습을 드러낸다.

이 관계는 시간을 필요로 한다. 노력이 필요하고, 서로 의논하고 상대방의 말을 들어 주려는 태도가 필요하다. 문제가 무엇인지, 양쪽 배우자의 감정과 바람이 무엇인지, 어떤 행동 계획을 세울 수 있는지 명확히 알 수 있을 정도로 충분히 오랜 시간 동안 대화를 나누어야 한다. 그와 반대로 의사 결정자로서의 머리 됨은 빠르고 쉬우며 개인적으로 요구하는 것이 훨씬 더 적게 보일 수 있다. 남편과 아내는 실제로 함께 일할 필요도 없다. 남편은 그저 자기 일을 하고 결정을 내리며, 여자도 자기 일을 하면서 살아가면 그만인 것이다. 그런데 바로 그것이 문제다. 그들은 실제로 그들의 차이점을 다루지 않았다. 그냥 피해 갔을 뿐이다. 그들은 시작할 때나 마칠 때나 여전히 하나가 되지 못한다. 틀림없이 더 좋은 방법이 있을 것이다.

그러나 더 좋은 방법이 무엇인지에 대해 이야기하기 전에, 남녀 관계의 통제와 묵인 모델에 대한 더 불편한 진실 한 가지를 이야기해야겠다. 남성의 머리 됨을 통제로, 여성의 복종을 묵인으로 규정하는 것은 단지 잘못 이해했기 때문만이 아니다. 엄격하게 정해진 성 역할을 이상화하고, 관계 속에서 불균형하게 힘을 남성들에게 부여하고, 남성과 여성에게 이것을 영적으로 적합하고 바람직한 것으로 여기도록 권면함으로써, 친밀한 관계 속에서의 폭력에 대한 신학적 이데올로기가 자리를 잡은 것이다.

"전 남자 친구는 늘 우리의 관계 속에서 자기가 모든 결정을 내려야 하고 나는 그냥 그를 따라야 한다고 말하곤 했어요. 그것을 첫 번째 경고 신호로 받아들였어야 했는데, 그렇지 못했어요."

그녀는 처음에는 무슨 영화를 볼지 자기가 결정하지 않아도 되는 것이 좋았다. 그러나 남자 친구의 통제는 갈수록 악화되었다. 그가 분노를 표출하는 것도 점점 더 심해졌다. 어느 날, 둘이 싸우는 도중에 그녀가 방에서 나가려고 했다. 그는 문을 쾅 닫고 그녀를 붙잡고는 벽 쪽으로 밀어 버렸다. 그녀는 발을 헛디뎌 넘어졌다.

"그는 내 가슴 위에 한쪽 발을 올려놓고 나를 내려다보며 말했어요. '내게서 도망칠 생각 마. 아무도 널 원하지 않을 거야.' 그의 말 속엔 아무 감정이 없었어요. 마치 저녁 식사 자리에서 내게 소금을 건네 달라고 말하는 것 같았죠. 내 인생에서 가장 무서운 순간이었어요."

이 여자의 말이 옳았다. 남자 친구가 관계 속에서 자신이 모든 결정을 내리려는 욕구를 분명히 드러낸 것은 분명 그녀에게 경고 신호였다. 지배하려는 행위는 학대의 위험 인자이며, 특히 성 역할에 대한 고정관념에 사로잡혀 있고 성경 구절이 뒷받침될 때 더욱더 그렇다. 이것은 성에 대한 고정관념을 가진 모든 그리스도인의 관계가 폭력적이거나 필히 그렇게 될 것이라는 뜻인가? 그렇지 않다. 대부분의 그리스도인은 학대자가 아니다. 관계의 당사자들이 관계나 성 역할에 대해 어떤 사상을 지지하든, 그리스도인의 관계는 대부분 폭력적이지 않다.

그러나 일부 관계에 폭력이 나타나고, 통제에 대한 잘못된 이념에 근거하여 그 폭력을 간과하고 눈감아 주고 정당화하는 경우가 너무 많다. 성냥을 가지고 노는 모든 아이가 집에 불을 내지는 않을 것이다. 그러나 우리는 아이들에게 성냥을 가지고 놀지 말라고 가르친다. 단 한 집에 불이 나더라도 너무나 큰 일이기 때문이다. 그리스도인들은 폭력의 위험인자가 될 수 있는 관계의 이론들을 거부하도록 서로 격려해야 한다. 폭력적인 관계가 하나도 생기지 않게 해야 한다.

협력과 합의

때로는 한 사람이 통제하는 부부 관계 모델에 대한 대안으로 평등주의를 제안한다. 또는 남편과 아내가 서로 존중해야 하며 결혼생활 안에서 동등한 발언권을 가져야 한다고 주장하기도 한다. 평등주의의 장점은 처음부터 한 사람에게 불리한 상황을 만들어야 한다고 생각하는 함정을 피하고, 대신 부부가 서로를 동등하게 대하도록 격려하는 것이다.

그러나 우리가 볼 때에는 평등주의 역시 한 사람이 통제하는 모델과 똑같은 중요한 문제점을 가지고 있다. 일반적으로 이해할 때 이 두 관점 모두 협력보다는 힘의 분배에 더 관심을 둔다. 한 사람이 통제해야 한다고 주장하는 사람들은 한쪽 배우자나 한쪽 성에게 힘이 집중되기를 원한다. 평등주의자들은 양쪽 배우자나 양쪽 성에 힘이 똑같이 분배되기를 원한다.

그러나 이 두 관점 모두의 맹점은 이성 관계를 제로섬 게임으로 보고 있는 것이다. 즉 한쪽 배우자가 힘을 가지면 다른 한 배우자는 힘을 잃을 수밖에 없다. 평등주의자들은 힘을 50대 50으로 나눠 가져야 한다고 생각하며, 통제를 주장하는 자들은 "60대 40으로 남자가 유리하도록" 힘을 분배해야 한다고 생각한다. 모든 인간은 자신이 선택할 수 있을 때 힘을 비축해두고 남용하는 경향이 있음을 고려할 때, 우리는 결혼생활을 비롯하여 어디서나 힘이 한 곳에 집중되는 것보다 널리 분산되는 것이 더 낫다고 생각한다.

그러나 단지 힘의 분산 자체가 배우자들 간에 관계를 발전하게 해주지는 않는다. 어떻게 하면 남편과 아내가 단지 공평한 경쟁의 장에서 서로 경쟁하기보다 실제로 서로 협력하는 법을 배울 수 있을까?

협력하는 모습을 상상해 보는 데 도움이 되는 것이 바로 팀워크의 이미지다. 두 사람이 같은 팀에서 경기할 때는 같은 목적을 향해 함께 노력한다. 그들은 서로의 강점을 의지하고 서로의 약점을 덮어준다. 팀 전체에 이익이 되고 서로서로 성공하도록 도와주는 전략 전술을 추구한다. 가장 중요한 것은, 그들이 연습하고 연습하며 또 연습한다는 것이다. 어느 스포츠든 당신이 잘하고 자주 할 때 가장 즐겁기 때문이다.

관계도 마찬가지고, 관계 내의 갈등이나 관계 밖의 스트레스 요인들로 인한 어려움에 대처하는 일도 마찬가지다. 태어날 때부터 스트레스나 갈등을 다루는 법을 아는 사람은 아무도 없다. 이것들은 우리가 배워야 한다. 우리는 가정 안에서 배우고, 어린 시절의 친구 관계 속에서 배우며, 결혼 같은 성인의 관계들을 통해 계속 배워 가야 한다.

어떤 스포츠를 잘할 수 있으려면, 먼저 무엇이 성공으로 간주되는지를 알아야 한다. 농구에서 성공은 고득점을 얻는 것이다. 골프에서 성공은 낮은 타수를 내는 것이다. 급류를 탈 때에는 배가 뒤집어지지 않고 계속 하류로 나아가는 것이 성공이다. 관계 속에서의 갈등 관리에 관해서는 무엇이 성공인가? 연애 중이거나 약혼했거나 결혼한 커플이 서로에게 짜증이 나거나 완전히 화가 났을 때 발생하는 갈등을 어떻게 다루는 것이 성공하는 것일까?

많은 경우에 갈등은 어떤 결정을 내려서 해결할 수 있는 것들이 아니다. 때로 사람들은 피곤하고 짜증이 나서 말다툼을 하게 된다. 그들은 결정을 내릴 필요가 없다. 그들에게 필요한 건 잠이다. 한 여자는 애인과 밤늦게 나누었던 대화를 기억해냈다. 그들은 서로에게 점점 더 짜증을 냈다. 그러다 상황을 인지하고는 그 문제를 다음날에 다시 의논하기로 했다.

"다음 날이 되니 두 사람 다 우리가 무엇 때문에 다투었는지 기억하지 못했어요. 그냥 너무 늦은 밤에 우리 둘 다 피곤하고 싸움이 일어나기 쉬울 때 대화를 나누었던 것뿐이었어요."

때로는 늦은 밤의 변덕스러움보다 더 중요한 스트레스 요인이 있을 수도 있다.

"최근 아내와 서로 조금 퉁명스럽게 대해왔다는 걸 알았어요. 우리는 마치 살얼음판 위를 걷고 있는 것 같았고 너무 쉽게 화를 내었죠."

무엇이 그들을 그렇게 화나게 했을까? 일단 그렇게 질문을 제기하고 생각해 보니, 오래지 않아 몇 가지 이유가 떠올랐다. 일이 너무 많고 돈이 너무 없는 것도 원인에 포함되었다. 결국 그들에게 필요한 건 이해와 연민이었다. 그들은 아이스크림을 먹으러 나가서 지금 상황에서 느끼는 부담에 대해 이야기를 나누었고, 서로에게 지지받지 못한다고 느낄 때 얼마나 절망스러운지 이야기했다. 그 결과는 어땠을까?

"우리는 서로를 더 잘 이해하게 되었고 더 사이가 좋아졌어요. 원인 모를 말다툼과 과민한 배우자는 이제 없어요. 우리 중 한 사람이 퉁명스럽거나 불합리한 것처럼 보일 때면 비난하는 대신 연민을 느낀답니다."

어떤 결정을 내림으로써 해결할 수 없는 갈등의 또 한 종류는 서로의 방식이나 성격 차이에 인한 것이다. 많은 관계를 보면, 한 사람은 더 길게 이야기를 나누는 걸 좋아하고, 또 한 사람은 더 짧게 다루고 얼른 끝맺는 걸 좋아한다. 한 사람은 자신이 이해받았다고 느낄 때 만족스러운 대화를 했다고 생각하고, 다른 한 사람은 문제가 해결되었을 때 만족스러운 대화를 했다고 생각하는 경우도 많다.

대조적인 스타일을 가진 사람들은 서로를 미치게 하기 쉽다. 협력을 배우는 것은 더 어렵지만, 궁극적으로 훨씬 더 보람이 있다. 어느 약혼한 여성이 애인과 나누었던 대화 내용을 들려주었다. 그녀는 학교에 다니며 결혼 준비를 하느라 삶의 균형을 유지하는 게 너무 힘들다고 느꼈다. 그녀는 애인이 자신의 이런 감정을 알아주고 공감해주고 안아주기를 원했다. 그런데 그는 그녀가 상황을 바로잡아 주기를 원한다고 생각했다. 그렇지 않으면 왜 그 이야기를 했겠는가 하는 것이다.

"제가 고칠 것은 아무것도 없다고 말하자, 그는 약간 짜증을 내는 듯했어요. 제가 없는 문제를 공연히 만들어낸 것처럼 느낀 거죠."

과거에는 이 같은 상황들이 말다툼으로 이어졌다. 즉 그는 그녀가 괜히 싸움을 건다고 느꼈고, 그녀는 그가 자신을 이해해주지 않거나 관심을 두지 않는다고 느낀 것이다. 하지만 이번에는 그녀가 심호흡 하고, 조심스럽게 단어를 선택해서, 부드럽지만 직접적인 말로 자신의 감정에 대해 이야기를 했다. 그리고 그가 자신의 감정에 대해 이야기하는 것을 인내하며 수용적인 태도로 잘 들어 주었다.

"우리는 둘 다 상대방에게 중요하지 않은 사람인 것처럼 느끼고 있다는 걸 알았어요. 그는 내가 그 자신보다 결혼식을 더 우선시한다고 느꼈고, 저는 그가 저보다 친구들을 더 중요하게 생각한다고 느낀 거죠. 우리는 최근에 정말로 같은 팀이 아니었다는 걸 이해하게 됐어요."

그들은 또한 서로에게 힘이 되기 원한다는 것을 알았다. 그리고 서로 이야기를 나누고 경청함으로써 그렇게 될 수 있다는 것도 알았다.

"저는 이런 진지한 대화가 성공적인 결과를 가져오는 걸 보고 깜짝 놀랐어요. 그리고 이런 대화를 자주 나눌 생각을 하니 가슴이 설레요."

두 사람이 갈등을 피할 필요가 없고 그것에 의해 제압당하지 않을 거라는 사실을 깨닫는 것은 정말 신 나는 일이다. 실제 삶의 상황들 속에서 서로를 마주하며 갈등을 헤쳐나갈 수 있고, 그 후에는 서로를 더 잘 알게 되고, 더 많이 신뢰하게 되고, 언제든 그런 상황이 또 닥쳐도 이겨낼 수 있다는 확신이 생길 것이다.

그러나 때로는 결정을 내리는 것이 필요할 때가 있다. 어느 정도 논의를 한 후에도 두 사람이 합의에 이르지 못할 경우엔 어떻게 해야 하는가? 타협을 해야 할까? 이론적으로는 그럴듯하게 들린다. 각 사람이 조금씩 양보하면 모두가 행복해진다는 것이다. 그런데 실제로는 중요한 결정일수록 타협할 수 없는 경우가 많다. 예를 들어 남자가 좋은 취업 제안을 받았는데 직장이 집에서 일천 킬로미터나 먼 곳에 있다고 하자. 그에게 취업 문제와 그녀에게 이사 문제는 중간에서 타협할 수가 없는 것이다. 그녀는 자녀를 또 갖기 원한다. 그런데 그는 그들의 개인적 자원과 경제적 자원이 이미 한계에 달했다고 느낀다. 그들은 아기에 대해 중간에서 타협할 수 없다.

또한 설령 타협이 가능하다 하더라도, 그것은 갈등을 해결하기보다 오히려 확대시키는 역할을 할 것이다. 그런 타협은 정확히 어떤 모습으로 나타날 것인가? 우리는 타협이 아니라 합의를 목표로 하는 것이 더 낫다고 생각한다. 우리 중 많은 이가 합의하는 것을 거의 연습해본 적이 없다. 종종 우리는 친구들과의 의견 충돌을 해결할 필요를 느낄 만큼 친구를 오래 사귀거나 깊은 관계를 맺지 않는다. 그리고 우리 문화는 너무 개인주의적이어서, 내가 원하는 것을 얻는 것보다 더 좋은 것이 있을 수 있다는 것을 상상하기 어려울 것이다. 그러나 두 사람 모두에게 호의적인 가능성을 찾아내거나 만들어내기 위해 상대와 협력하는 것이 단순히 서로 다른 점들을 구분하려 하는 것보다 훨씬 더 큰 만족을 줄 수 있다.

성공적인 갈등 관리는 종종 갈등의 해결보다 갈등을 다루는 과정이 더 중요하다. 어떤 갈등은 해결을 요구하지 않는다. 또 해결할 수 없는 갈등도 있고, 어떤 것은 오랜 시간 동안 주기적으로 반복해서 나타나기도 한다. 어쩌면 평생에 걸쳐 그럴 수도 있다. 하지만 그렇다고 해서 그 부부가 그럴 때마다 늘 불행하거나 화를 내야 하는 것은 아니다. 갈등은 강의 급류와 비슷하다. 당신과 당신의 배우자가 급류 타는 법을 모른다면 처음에 급류를 만날 때 너무나 두려울 것이다. 그러나 일단 급류 타는 법을 배우고 나면, 강을 따라 항해하는 것이 익숙한 일상이 된다. 어쩌면 급류를 타면서 생기는 강한 팀워크를 즐기게 될 것이다. 물론 중간에 물살이 잔잔한 구간을 지날 때도 즐거울 것이다.

갈등 관리에서는 여느 스포츠와 마찬가지로 따라야 할 규칙이 있다.[4] 당신을 불편하게 하는 것이 있으면 최대한 부드럽게 이야기를 하라. 당신의 배우자가 어떤 얘기를 꺼내면 호응해주라. 대화하기에 적절한 때가 아니면 그렇게 얘기를 하고, 너무 머지않은 때에 더 좋은 시간을 정하라. 그 시간이 되면 약속대로 그 이야기를 나누도록 하라. 당신의 생각과 감정을 말하고, 상대방에게도 그렇게 할 시간을 주라. 당신이 말하지 않을 때는 상대방의 말을 주의 깊게 들어 주어라. 둘 다 상대방이 자신의 말을 듣고 이해했다고 느낄 때까지 서로 번갈아가며 말하고 경청하라. 그다음에 가능한 행동 과정에 대한 계획을 세우기 시작하

라. 일단 몇 가지 선택 사항들을 확인했으면, 두 사람에게 가장 좋은 방법이 무엇인지에 대해 이야기를 나누라. 천천히 여유를 가지고, 그 과정을 신뢰하고 당신의 배우자를 신뢰하라.

또 어느 스포츠에서나 피해야 할 동작이 있다. 어려운 문제들에 대해 이야기하는 것을 피하지 마라. 침묵은 평화를 가져다주지 않는다. 오직 당신의 상대를 실망시키고 분개하게 만들 뿐이다. 상대방의 감정이나 관심사를 평가 절하하거나 무시하지 마라. 그것은 당신 자신의 감정이나 관심사와 똑같이 중요하며, 그렇게 대해주어야 한다. 상대방의 인격이나 동기를 비판하지 마라. 협력하는 법을 배우려면 서로의 행동을 긍정적인 시각으로 해석하려는 태도가 반드시 필요하다. 일단 대화를 시작했으면 대화의 범위를 넓히지 마라. 언제든 한 번에 한 가지 주제를 다루는 것으로 충분하다. 어떻게 해서든 당신 자신의 동기를 앞세우려 하지 마라. 양쪽 다 자기 자신뿐 아니라 상대방을 위해서도 긍정적인 결과를 바랄 때에만 갈등이 건설적으로 해결될 수 있다.

무엇보다 가장 중요한 것은, 항상 서로 배려하고 존중해야 한다. 한 여자가 이렇게 고백했다.

"저는 관계 속에서 너무 성급하게 짜증을 내고, 비난하고, 또 그다지 친절하지도 않아요. 제가 이렇게 하는 이유는 제 애인을 함부로 대해도 '안전한' 사람으로 여기기 때문인 것 같아요. 그래도 그 사랑이 변하지 않을 거라는 확신이 있기 때문이죠."

하지만 무심함에서 나오는 불친절은 우리가 생각하는 것보다 더 큰 해를 끼칠 수 있다. 그것은 관계의 기반을 부식시키는데, 처음에는 눈에 띄지 않지만 힘든 상황이 닥치면 너무나 분명해진다. 그리고 부부는 그러한 도전들에 대처하기 위해 그간 쌓아온 상호 신뢰와 존중에 의존해야 하는데 그것이 너무 부족하다는 것을 알게 된다. 당신이 갈등을 다루고 있을 때나 다루고 있지 않을 때나 친절은 너무도 중요한 것이다.

평화와 안전은 함께 간다. 평화로운 가정은 안전한 가정이다. 평화로운 관계는 안전한 관계다. 하나님의 백성들은 수천 년 동안 이것을 알았다. "내가 평안히 눕고 자기도 하리니 나를 안전히 살게 하시는 이는 오직 여호와이시니이다(시 4:8)."라는 시편 기자의 노래처럼 말이다.

우리가 서로의 관계 속에서 안전하려면 갈등을 지혜롭게 잘 다루는 법을 배워야 한다. 이 과정은 거의 항상 결혼한 후에 더 치열해진다. 결혼한 한 남성의 고백이다.

"아내와 연애할 때는 따로 효과적인 커뮤니케이션 기술이 필요하지 않았어요. 서로에게 화가 나도 그냥 하루만 서로 떨어져 있으면 다 해결됐거든요. 그런데 결혼하고 나니까 그럴 수가 없는 거예요."

이와 같은 자각이 우리를 불안하게 만들 수 있다. 당신들이 서로 결혼한 것은 정말 좋은 선택이었을까? 정말 그렇게 만들 수 있을까? 물론 결혼 전에 실질적인 갈등 해결 기술을 연마하는 것도 좋은 생각이다. 하지만 개인이나 관계 속에서 진정한 힘의 척도는 당신이 그런 기술을 이미 소유하고 있는지의 여부가 아니다. 진짜 힘의 척도는 그런 기술이 필요하다는 것이 명백해질 때 당신이 상황에 잘 대처하며 그 기술을 쓸 수 있는지의 여부에 달렸다.

이 젊은 부부는 잘하고 있었다. 그들은 자신의 감정과 좌절과 열망에 대해 솔직해지고, 방어하지 않고 서로의 말을 경청하기 위해 용기를 내고 있었다. 그들의 관계 속에서 일어나는 갈등 상황에 대해 자신이 기여한 부분을 인정하고 책임질 수 있게 되었다. 또 서로를 정말 잘 알고 보살펴주려면 아직 한참 멀었다는 것을 깨닫고 있었다.

그들은 또한 사소한 짜증이나 중요한 의견 충돌이 있는 중에도 말다툼을 부추기지 않고 대신 구체적인 말로 상대방이 존중받고 배려받고 있음을 느끼게 해주려면 각 사람이 얼마나 강해야 하는지를 깨달았다. 그리고 똑같이 짜증 나거나 의견이 충돌하는 상황에서도, 상대방을 온화하고 진실하고 배려하는 사람으로 신뢰할 수 있다는 것을 깨닫기 시작했다. 이 부부는 서로 이야기하고, 들어주며, 겸손과 확신을 키워가고 있었다. 이때에 그리스도인의 관계와 그리스도인의 가정과 결혼생활에 평화가 뿌리내리고 자라날 수 있다. 우리의 관계 속에서 이러한 자질들을 기를수록 더욱더 안전한 곳에 함께 거할 수 있게 될 것이다.

결혼 안에서 우정을 쌓아가다

그리스도인들은 결혼, 사랑과 우정이 당연히 함께 가야 하는 것으로 보고 있다. 행복한 결혼생활은 사랑이 있는 결혼생활이고, 사랑이 있는 결혼생활은 배우자들이 친구처럼 서로 애정을 느끼는 것이다. 그들은 서로 좋아하고, 함께 즐거워하며, 서로를 잘 알고, 서로 같이 있는 것을 좋아한다. 이런 관점에서 보면 우정이 없는 결혼생활은 좋은 결혼생활이 될 수 없다. 관계 자체에 친밀감, 기쁨, 서로 함께하는 즐거움과 기쁨이 없으면 그것은 결혼생활의 슬프고 공허한 그림자에 불과한 것이다.

여러 역사학자와 사회학자가 지적했듯이, 결혼생활에 대한 기대가 이렇게 크게 높아진 것은 오늘날 결혼생활의 불안정성이 똑같이 고조된 것과 직접적인 관련이 있다.[5] 결혼하면 당연히 따라와야 한다고 생각하는 포괄적인 행복을 강조함으로써 이런 불안정한 역동성을 부추기는 그리스도인들도 있다. 그들은 결혼을 누구나 누리게 될 가장 친밀한 관계로 칭송한다. 젊은 사람들은 무엇보다도 "가장 좋은 친구와 결혼하도록" 조언을 받는다. 남편과 아내는 서로만을 바라보며 모든 만족과 행복을 얻으려 함으로써 친밀하고 사적인 관계를 지켜 가도록 권면을 받는다. 그런데 그 결과가 만족이 아니라 실망과 환멸인 경우가 너무 많다. 결혼의 목적과 가능성에 대해 좀 더 온건한 현실주의를 갖는 것이 오랫동안 서로 안정적이고 만족스러운 관계를 형성해가는 데 도움이 될지도 모른다.

그러나 동시에 결혼생활 내에서의 이상적인 우정에 대해서 할 말이 많다. 자신의 일생의 동반자와 친구가 되기를 원치 않을 사람이 누가 있겠는가? 삶에서 주어지는 모든 과업을 함께 하는 것은 매우 좋은 일이지만, 그 과정에서 서로 기쁨을 나눌 수 있다면 더 좋지 않겠는가? 아마도 결혼 전과 결혼생활 안에서 우정을 쌓기 위해 더 의도적으로 노력한다면 더 도움이 될 수 있을 것이다. 우정이란 무엇인가? 사람들이 서로 친구가 되는 법을 배우지 못하게 막는 것은 어떤 것들인가? 그리고 어떤 선택과 습관들이 우정을 형성하고 더 깊어지게 하는 데 도움이 될 수 있을까?

우정은 결혼보다 더 큰 범주이다. 사람들은 결혼할 준비가 되기 한참 전부터 친구를 사귈 수 있다. 그리고 실제로 결혼하든 안 하든 상관없이 친구는 사귈 수 있다. 사람들은 우정 안에서 서로 친밀하고 즐거운 교제를 나눌 기회를 얻는다. 그것은 인간 사회의 다른 사람들과 실질적인 관계를 맺고자 하는 우리 모두의 필요를 채워줄 수 있다. 그리고 보너스로, 우리가 결혼하기로 결심할 때 미래의 배우자와 우정을 키워가는 데 필요한 기술을 연마할 수 있다. 우정은 연애나 결혼 여부와 상관없이, 인생의 큰 즐거움이다.

당신은 동성 친구들과 친밀하고 유익한 우정을 발견할 수 있고, 약간 다른 형태지만 이성 친구들과도 우정을 나눌 수 있다. 친구들과의 교제는 성인의 삶에서 환영받는 부분이다. 당신이 누구이며 어디로 가고 있는지, 그 모든 것이 무엇을 의미하는지 함께 고민하기 때문이다. 당신이 성숙해질수록 부적절한 관계를 갖지 않고도 깊고 친밀한 우정을 나눌 수 있다는 것을 깨닫고, 적절하게 더 깊은 우정을 나눌 수 있는 선택을 하기가 더 쉬워진다. 애정과 에로스는 같은 것이 아니다. 이상적인 결혼은 둘 다를 포함한다. 또 거기서도 명백히 에로틱한 것보다 애정 어린 유대감이 생기면 아마 우정이 더욱 자라고 번성할 것이다.

당신과 당신의 배우자가 참으로 친밀하고 만족스러운 친구 관계를 맺고 그 관계를 계속 키워 가기 원한다면, 당신이 할 수 있는 가장 중요한 일은 서로에게 시간을 투자하는 것이다. 이것은 시간의 여유가 많은 사람만 친구를 사귈 수 있다는 의미가 아니다. 친구나 연인, 또는 배우자와 관계를 발전시켜 가는 동안 우리가 할 수 있는 헌신의 양에 대해 현실적으로 생각해야 한다는 뜻도 아니다. 우리 중 많은 이는 흥미롭고 가치 있는 일들에 참여할 기회가 풍부한 환경에 살고 있다. 매일 밤 다양한 오락 거리나 자원봉사, 또는 돈 버는 사업에 참여할 수 있고, 주말에는 더 많이 할 수 있다. 그러나 우리는 가장 중요한 일들, 그리고 가장 중요한 사람들을 위해, 이런 기회 중 일부는 거절할 줄 알아야 한다.

그러니 속도를 늦춰라. 하는 일을 줄이고, 그렇게 하려고 더 의도적으로 노력하라. 얼마나 바쁘게 여기저기 뛰어다니느냐가 아니라, 당신의 배우자와 얼마나 주기적으로 시간을 함께 보내고 있는지를 기준으로 당신 삶의 충만함을 측정하라. 어쩌면 당신의 삶은 정말로 꼭 해야 할 일들로 가득 차 있을지도 모른다. 항상 꿈꾸듯이 서로의 눈을 바라보며 오랜 시간을 함께 보낼 수 없을지도 모른다. 그러나 당신의 선택에 따라 당신의 시간 중 일부를 서로를 위해, 관계를 더 돈독하게 하는 데 사용할 수 있다.

TV를 끄면 이것이 훨씬 더 쉬워질 것이다. 당신이 정말 TV 보는 것 외에 아무것도 할 수 없을 정도로 피곤하다면, 늦게까지 TV를 보고 있는 것도 무리일 것이다. 또한 우정을 형성하고 유지하는 데 있어 중요한 요소는 대화이다. 특히 이른바 "우정의 대화"라고 하는 것이 중요하다. 우정의 대화는 일상 생활의 실제적인 일들에 관한 것이 아니다. 즉 누가 언제, 어디서, 누굴 만날 것인지, 누가 개를 데리고 동물병원에 다녀와야 하는지, 또는 차에 기름을 넣어야 하는지 등에 관한 대화가 아니다. 우정의 대화는 또한 갈등을 해결하기 위한 것도 아니다. 즉 무엇이 문제인지, 상대방의 생각과 감정이 어떠한지, 무엇을 선택할 수 있는지 등을 이야기하는 것이 아니다. 이런 대화는 꼭 필요하지만, 대부분이 생각하는 우정의 중심에 있는 것은 아니다. 우정의 대화는 개인적인 것이다. 그것은 즐겁다. 진지하거나 유치할 수도 있다. 그것은 우리를 서로의 생각과 추억 속으로, 기쁨과 슬픔 속으로, 희망과 꿈속으로 데려가기 때문이다. 그것이 없는 관계는 순조롭고 효율적일 수는 있지만 정말로 우정이라 할 수 없다.

대화의 내용도 중요하다. 당신과 당신의 배우자는 자신의 감정과 원하는 것에 대해 서로 이야기하는 법을 배우려는 의지가 있어야 한다. 상대방의 기분이 어떤지, 그 사람이 무엇을 원하는지, 또는 당신에게서 무엇을 필요로 하는지를 모르는 것만큼 친밀감을 방해하는 것도 없다.

대다수 남자는 자라면서 자신의 감정에 대해 거의 생각해본 적이 없거나 또 그것에 관해 이야기해본 경험이 많지 않다. 그런 이들은 종종 자신의 감정조차도 모른다. 또는 알더라도 그것을 말하기가 두렵다. 남자답지 못하게 보이거나 싸움을 일으킬까 두려운 것이다. 남자들이 자신의 감정에 대해 생각해 보고, 특히 그것이 부정적인 감정일 경우 어떻게 하면 기분이 더 나아질지 생각하는 것만으로도 의도적으로 꽤 많은 노력을 기울여야 할 수도 있다.

한편 대부분 여자는 자신 안에 다양한 감정들이 존재한다는 것을 인정하고 적어도 동성 친구들과 그것을 자유롭게 이야기하도록 격려를 받으며 자란다. 그 결과 여자들은 자신의 감정을 충분히 잘 알지만, 상대방이 자신의 마음을 읽어 주고 먼저 요청하지 않아도 그들이 원하는 것을 해주기를 바란다. 만약 자신이 요청해서 원하는 것을 얻으면, 왠지 요청하지 않고 그것을 받을 때만큼 가치 있게 느껴지지 않는다. 나는 내가 갈망하고 기대하는 것에 대해 당당하기 원하지만, 조종하기는 싫다. 그리고 항상 내게 감동을 주거나, 의미 있거나, 사려 깊게 다가오는 것이 무엇인지 그 사람에게 일일이 말하고 싶지 않다.

우리가 그녀에게 말해줄 수 있는 것은 단 하나다. 당신이 상대방에게 원하는 것을 이야기했는데 그가 그것을 해준다면, 그것은 좋은 소식이라는 것이다! 사람들은 다른 사람의 마음을 읽지 못한다. 특히 남자들은 마음을 읽는 사람들이 아니다. 자신의 감정도 파악하기 힘든 이들에게 배우자의 기분이 어떤지 알아맞히는 것은 더더욱 힘든 일이다. 남자들에게 휴식을 주라. 그리고 그들이 당신을 기쁘게 해주기 위해 무엇을 할 수 있는지 말해주라. 그러면 매우 기뻐하며 그 일을 할지도 모른다.

상대방을 기쁘게 해주고 섬기기 위해 당신이 할 수 있는 일을 하는 것이 중요하다. 그리고 그가 당신을 기쁘게 해주고 섬기기 위해 하는 일들을 주의해서 보라. 당신이 자신의 감정과 원하는 것을 솔직하게 이야기해왔다면, 아마 상대방이 적어도 당신이 요구한 것 중 일부는 해주려고 노력할 것이다. 어떤 여자는 남자 친구가 그녀의 감정적 필요에 너무 둔감하다고 생각했고, 그래서 그에게 마음을 열고 싶지 않았다는 이야기를 했다. 남자 친구 입장에선 그녀의 문제를 해결해주려고 했는데 그녀가 더 화를 내니 절망스러웠다. 결국 그녀가 자신이 뭘 원하는지를 그에게 말해주었다.

"내가 화를 낼 땐 당신이 내 얘길 들어주고 미안하다고 말하면 돼요."
그런데 놀랍게도 그것이 효과가 있었다.

"그다음에 제가 화가 났을 때 남자 친구가 '미안해. 괜찮을 거야.'라고 말해줬어요. 처음엔 좀 대본을 읽는 것 같았지만, 그 이후로 점점 더 창의적으로 세심한 표현을 해주더라고요. 지금은 우리 둘 다 서로를 얼마나 오해했었는지 이야기하면서 웃어요."

우리는 그녀가 남자 친구의 말에 위로를 받자 남자 친구가 더 힘을 얻지 않았을까 생각한다. 그는 항상 그녀의 기분을 더 좋게 해주고 싶었다. 그런데 이제 뭘 해야 하는지 알았고, 그렇게 하니까 그녀가 알아주고 고마워해 준 것이다.

어떤 때는 우리가 요청하지 않았고 심지어 필요하다는 걸 인식하지도 못했는데 상대방이 알아서 어떤 일들을 해줄 때가 있다. 이런 일들 또한 우리가 알아주고 고마워해 주는 것이 중요하다. 우정은 서로에 대해 고마운 마음을 표현할 때 자란다. 당신의 배우자를 인정해주면 좋고, 그것을 소리 내어 말해주면 더 좋다.

그녀가 가장 멋진 옷을 입고 저녁 식사나 파티에 가면, 당신을 위해 그렇게 차려입을 필요 없다고 말하지 마라. 그렇게 입으니 그녀가 얼마나 아름답게 보이는지, 그런 그녀와 함께 있으니 얼마나 자랑스러운지 말해주라. 아침에 그가 문밖을 나설 때면, 집에 오는 길에 우유 사오는 걸 잊지 말라는 말만 하지 말고 그렇게 열심히 일해주어서 고맙다고, 정말로 잘하고 있다고 말해주라. 감사의 표현은 행복하고 긍정적인 말이 될 수 있다. 그것은 또한 매우 친밀한 말이 될 수 있다. 친절은 친절을 낳고, 그렇게 될 때 우정은 더 깊어진다.

또 하나의 여정

05
성, 체화된 교감

거룩한 가능성

성은 인간의 본질적인 면이다. 사람들은 양성적, 무성적인 존재가 아니다. 그들은 남자와 여자로 존재하며, 어떤 상황에든 그 자아를 가지고 들어간다. 남자는 남자고 여자는 여자다. 단지 연인 관계나 부부 관계에서만 그런 것이 아니라, 모든 관계와 모든 삶 속에서 그렇다. 성은 단순히 사람의 한 부분이다. 우리가 우리 몸 자체를 뒤에 남겨두거나 한쪽으로 치워 놓을 수 없는 것처럼, 성도 역시 뒤에 남겨두거나 한쪽으로 치워 놓을 수 없다.

한편, 그리스도인들은 성적인 친밀감을 특정 상황에서만, 특정한 목적을 위해서만 적합한 것으로 이해한다. 성과 결혼, 그리고 자녀를 낳는 것은 모두 함께 간다. 따라서 성은 부부 관계에서만 적합한 것이며, 언제나 남편과 아내 사이에 존재하는 친밀하고 헌신적인 결합의 표현

이어야만 한다. 때로는 이것이 출산에 대한 열린 태도를 의미할 수도 있다. 그것은 항상 배우자를 지배하거나 성적으로 이용하는 것을 배제한다. 배우자를 성적으로 이용하는 것은 학대나 이기적인 것이다. 성적인 관계 속에서 남편과 아내는 그들의 몸으로 부부간의 약속을 한다.

이것은 본성적인 것이 아니다. 적어도 사람들의 실제 행동으로 볼 때, 인간 본성에 따라 자연스러운 것은 훨씬 더 무차별적이고 자기중심적이고 지위에 따라 성을 이용한다. 힘 있는 사람들이 힘이 없는 사람들로부터 성을 요구하거나 착취한다. 인간적 관계없이 성매매, 헌팅, 음란물을 이용하기도 하며, 피임으로 아기를 갖지 않고 성관계를 갖거나, 인공수정 등을 통해 성관계 없이 아기를 가질 방법을 찾는다.

그리스도인의 성 도덕은 다시 말해서, 거룩한 가능성이다. 그리스도인들이 성을 부부 관계 안에 두는 이유는 그렇게 하는 것이 자연스럽기 때문이 아니라, 그리스도인의 결혼은 하나님과 그의 백성 간의 언약적이고 독창적인 관계를 반영하며 성관계는 두 배우자 간의 언약적 관계를 나타내는 증표이기 때문이다.

부부 관계 안에서만 성관계를 갖는 것이 적절하다는 그리스도인의 확신은 인간이 어디서나 성별을 가진 몸과 자아를 가지고 있다는 단순한 사실과 결합하여, 교회에 기회와 임무를 준다. 즉 젊은 그리스도인들의 인격과 습관을 성장시켜 우리 모두가 남자와 여자로서 성숙한 자아 의식을 갖게 하고, 남편과 아내로서 성관계를 통해 온전히, 자유롭게 자신을 서로에게 내어줄 수 있도록 해야만 한다.

실제로 이런 일이 일어나고 있는가? 그렇게 자주 있는 일은 아니고,

결코 저절로 일어나지도 않는다. 사실 성은 매우 복잡하고 종종 혼란을 일으킨다. 청년들 또한 잘못된 정보나 나쁜 조언을 듣는 경우가 많고, 또는 혼자서 알아내야만 한다. 이런 청년들이 더 나이가 들면 성인의 삶과 성생활을 안내해줄 수단이 거의 없다는 걸 알게 된다.

그리스도인 청년들은 성적으로 어떻게 성장하고 있는가? 청소년으로서, 성인 미혼자로서, 결혼한 남자와 여자로서, 무엇을 해야 하고 자기 자신과 다른 사람들로부터 무엇을 기대하라고 가르침을 받는가? 미혼이든 기혼이든, 그리스도인으로서 우리는 성과 성생활에 관하여 어떻게 생각하고 행동하는 것이 바람직한가?

성교육

성관계가 결혼한 부부에게만 적합한 것이라면, 나이에 상관없이 미혼자들은 성에 대해 생각하거나 성적인 존재로서의 자신을 느끼는 것이 허용되는가? 우리 학생들 대부분은 우리의 강의를 듣기 오래전에 이 질문에 대한 답을 들었다. 그것은 "안 된다!"였다. 때로는 침묵을 통해 거절의 대답이 전달되기도 한다. 한 여학생이 말했다.

"제가 있던 기독교 고등학교에서는 수업 시간에 성을 제외한 모든 주제를 다루었어요. 항상 그리스도인은 결혼할 때까지 순결을 지켜야 한다고 생각해왔으니, 더 이상 논의할 게 없었지요."

또 한 남학생은 이렇게 말했다.

"저는 부모님과 성에 관한 얘기를 해본 적이 없어요. 공립학교의 성

교육은 이론적인 지식을 알려주었어요. 하지만 거기까지였죠. 만약 그것도 아니었다면, 제가 받은 유일한 교육은 음란물, 친구들의 이야기, 그리고 저 자신의 경험뿐이었을 거예요."

어떤 때는 명확하게 설명해주는 것이 아무것도 없다. 대개는 혼전 성관계에 대한 경고의 형태로 가르치는데, 그것은 보통 유례없이 극도로 끔찍하게 묘사된다.

"저는 결혼 전 성관계는 우리가 저지를 수 있는 가장 나쁜 일이라고 배웠어요. 그러니까, 우리는 살인이 매우 나쁘다고 배웠지만, 분명 우리가 살인할 일은 절대 없을 테니 혼전 성관계가 아마도 우리가 할 수 있는 가장 나쁜 일이었을 거예요."

혼전 성관계가 우리가 범할 수 있는 가장 나쁜 죄라면, 그에 상응하여 "순결"은 가장 근본적인 미덕으로 제시된다. 젊은 그리스도인들은 모든 접촉은 과하다고 배운다. 결혼할 때까지 순결을 지키겠다는 결심을 상징하는 순결 반지를 끼고, 첫 키스도 결혼할 때까지 미루도록 권면을 받는다. 그들이 참석한 청년부 수련회에서 강사들은 결혼할 때까지 순결을 지키는 것을 가장 훌륭한 선으로 제시하며, 결혼식에서는 신랑, 신부의 순결이 예식의 주된 초점이라고 가르친다.

혼전 성관계와의 전쟁에서 중요한 무기는 두려움인 것 같다. 한 청년은 이렇게 말했다.

"저와 제 기독교인 친구들은 혼전 성관계에 대해 우리가 두려워하는 것이 정확히 뭔지 몰랐어요. 우리가 아는 건 그저 그것이 매우 끔찍하다는 것, 거의 죽음만큼 끔찍한 거라는 사실이었어요."

다른 남자는 우리에게 제출한 글에서 다음과 같이 설명했다.

나는 고등학교 때 성에 대해 두 가지를 배웠다. 첫째, 네가 성관계를 가지면 몹시 죄책감을 느낄 것이다. 둘째, 너는 여자를 임신시키거나 병에 걸릴 것이다. 어느 쪽이든, 성관계를 갖지 않는 동기는 하나님에 대한 사랑이나 예수님을 따르려는, 혹은 하나님의 형상을 나타내려는 열망 같은 긍정적인 것이 아니었다. 그것은 두려움이었다.

수치심도 자주 사용되는 또 한 가지 무기이다. 다른 여학생의 글이다.

해마다 우리 청소년부에선 주말에 "참된 사랑은 기다린다."라는 주제로 집회를 열었다. 한번은 내가 15살 정도 되었을 때였는데, 인도자가 쿠키 접시를 사용해 자신의 주장을 펼쳤다. 접시에 담긴 쿠키는 다 커다랗고 정말 맛있었다. 마지막 남은 쿠키를 보기 전까지는 그랬다. 그것은 훨씬 더 작고, 조금 탔으며, 조금 베어 먹은 자국까지 있었다. 인도자는 우리가 성관계를 가지면 그 베어 먹은 쿠키와 같이 된다고 했다. 그리고 접시의 맨 밑바닥에 남게 될 거라고 했다. 그때 나는 이미 숫처녀가 아니었다. 나는 내가 그 베어 먹은 쿠키라는 걸 알았다. 그래서 좋은 남자들은 날 원하지 않을 것이고, 하나님도 나를 원치 않으실 거라는 결론을 내렸다.

이런 방법들이 효과가 있을까? 그것은 분명 무지하고, 두려워하고 부끄러워하는 그리스도인 청년들을 만들어내고 있다. 이 젊은이들 가운데 많은 이가 또한 냉소적이고, 분개하며, 고립되어 있다. 그래서 그들은 이렇게 묻는다. 지금까지 배운 것 중에 진실이 있을까? 아니면 다 거짓말일까? 또 다른 여학생의 이야기다.

> 우리 부모님과 우리 교회가 나한테 진실을 말해줄 만큼 나를 존중해 주지 않았다는 사실에 배신감을 느낀다. 대중매체가 아니라 우리 부모님과 교회를 통해 알게 됐으면 훨씬 더 좋았을 것이다.

그리고 그들은 점점 모습을 드러내는 자신의 성욕을 다루기 위해 노력하면서 심히 고립감을 느낀다. "맹렬한 유혹을 다루는 방법은 전적으로 나에게 달린 것이었다."고 한 남학생이 말했다. 그는 계속해서 다음과 같이 말했다.

> 돌아보면, 우리가 받은 건강한 조언이라고는 고린도전서 10장 13절, "사람이 감당할 시험 밖에는 너희가 당한 것이 없나니."와 빌립보서 4장 13절, "내게 능력 주시는 자 안에서 내가 모든 것을 할 수 있느니라."뿐인 것 같았다. 이런 성경 구절들과 안타까울 만큼 지나치게 단순화한 성과 사랑에 대한 이해로 무장시키고, 내가 나의 성을 이해할 준비가 제대로 되지 않았다고 말하는 것은 옳지 않다고 생각한다.

선의의 부모를 둔 아이들도 많은 지도를 받지 못했다는 걸 알게 된다.

우리 어머니는 정말 훌륭한 어머니시다. 늘 자녀들에게 좋은 교훈과 가치관을 심어 주려고 최선을 다하셨다. 하지만 남자 친구와 이제 약혼을 한 나는 왜 어머니가 나에게 성에 대한 얘기를 더 해주지 않으셨는지 궁금하다. 어머니가 나에게 진실을 감추신 것 같은 생각이 든다. 나는 내가 그렇게 성관계를 원하는지 몰랐다. 지금처럼 육체적 순결을 지키기 위해 힘들게 싸워야 할 줄 몰랐다. 왜 어머니는 나한테 이런 얘기를 해주지 않으셨을까?

젊은이들이 잘못된 선택을 했을 땐 그들의 고립감이 더 커진다. 혼전 성관계를 가진 경험이 있는 여학생은 이런 이야기를 했다.

"성관계를 가진 후, 정말로 저는 교회에서 누구와도 그 얘기를 하고 싶지 않았어요. 제게 일어난 일을 믿고 말할 수 있는 안전한 장소가 없는 것 같았어요."

또 다른 이는 성과 독신에 대한 설교를 듣고 어머니와 대화를 나누었다고 했다. 그 설교는 아마 모르는 사람과 혼전 성관계를 가진 사람들의 비참한 상태를 굉장히 강조했다.

"제가 할 수 있는 건 울음을 꾹 참고 있는 것뿐이었어요. 우린 어떤 멀리 있는 사람, 이교도에 대해 이야기하는 게 아니었어요. 바로 제 얘기를 하고 있었어요."

이런 식으로 교육받은 사람들이 결혼할 때가 되면 어떻게 되는가? "순결"에 대한 환상 대신 성적 경험의 현실을 생각해야 할 때가 종종 있다. 처녀성을 결혼 상대자의 가장 바람직한 특성으로 표현하는 기독교적 미사여구는 폭력적으로 순결을 빼앗긴 사람들, 이를테면 강간이나 어린 시절 성적 학대를 당한 피해자들에게 정말 큰 절망감을 안겨줄 수 있다. 그런 여학생 중 한 명이 "제가 결혼하고 싶은 남자에게 전 좋은 상대가 못 되는 것 같아요."라고 말했다. 이것은 그녀 자신뿐만 아니라 성폭력을 당한 많은 사람을 대변하는 말이었다.

자진해서 자신의 순결을 내어 준 이들은 종종 그 후에 자신의 행동을 자랑스러워하지 않으며, 이것이 장차 그들의 결혼에 어떤 의미가 있을지 궁금해한다. 또 한 여자는 이렇게 말했다.

"저는 미래의 남자 친구에게 과거의 실수를 이야기하기가 두려워요. 제가 순결하지 않다는 걸 알고도 과연 여전히 저를 원할까요?"

남자들도 비슷한 걱정을 한다. 한 남자는 밤마다 되풀이되는 악몽에 시달린다고 했다. 그의 꿈속에서 소녀는 그의 눈을 쳐다보며 말했다.

"난 당신을 위해 나 자신을 지켜 왔어."

그러면 그는 이렇게 대답해야 했다.

"음, 그런데 난 널 위해 나 자신을 지키지 못했어."

이 시점에서 일부 그리스도인들은 과장된 주장을 하는데, 그것은 결혼 전에 성적인 죄를 범한 사람들에게 순결을 "되찾거나", "경신"하거나 "재생"할 가능성에 대해 말하는 것이다. 이런 언어 표현에는 실제적인 문제들이 있다. 무엇을 재생한단 말인가? 그것이 무슨 재활용품이라도 된단 말인가! 그리고 한때 성적으로 잘못된 선택을 했던 많은 젊은이가 스스로 그렇게 믿고 있다. 경신된 순결이라는 말은 또한 결혼 전에 성관계를 가진 사람이 어떤 식으로든 다시 "처녀"로 돌아가야 할 필요성이 있음을 함축하고 있다. 그렇지만 과거로 돌아갈 수 있는 사람은 아무도 없다. 누구든 앞으로 계속 나아가, 다음에 더 잘하는 수밖에 없다. 하지만 순결과 성적인 경험에 관해서도, 그것으로 충분한가?

많은 그리스도인 젊은이가 받는 성교육의 또 한 가지 특징은 그들이 결혼하는 즉시 틀림없이 매우 만족스러운 성생활을 하게 될 거라는 점을 강조한다는 것이다. 한 젊은 남자는 이렇게 말했다.

"많은 그리스도인 남자가 결혼 후 1, 2년 동안 폭발적인 성적 흥분을 기대하는 것 같다."

웃기게 들릴 수도 있지만, 적어도 결혼 전 금욕을 강조하는 사람들이 실제로 이런 기대를 부추기고 있다. 결혼을 위해 자신을 지킨 사람들에게는 그 보상으로, 결혼 첫날밤과 그 후로 매일 밤 기막히게 좋은 성관계를 즐기게 될 거라는 말이다.

정말로 그럴까? 그렇지 않다. 한 젊은 여자는 다음과 같이 말했다.

나를 비롯해 최근에 결혼한 내 친구들은 모두 결혼할 때까지 성관계를 갖지 않았다. 우리 모두 똑같은 의견을 내놓았다. 즉 결혼 후 성관계는 사람들이 생각하는 것과 전혀 다르다는 것이다. 우리는 모두 결혼 전에 금욕하면 결혼하고 난 후 침실에서 엄청나게 큰 상급이 기다리고 있을 거라고 들었고, 그렇게 믿었다. 즉시 즐겁고 성공적인 성생활을 하게 될 거라고 말이다. 신혼 첫날밤은 생애에서 가장 놀라운 밤이 될 것이며, 만약 그렇지 않다면 당신이나 당신의 관계에 뭔가 문제가 있는 게 분명하다고 믿었다. 현실을 겪고 나니 알게 되었다. 그것은 그저 신화 같은 얘기다.

만일 당신이 결혼할 때까지 자신을 지키지 못한다면 어떻게 될까? 그것 또한 복잡한 문제다. 결혼 전에 성관계를 시작한 커플은 종종 그들의 혼전 성 경험에 대해 복잡한 감정이 교차하는 것을 경험한다. 그들은 기다렸어야 한다고 믿기 때문에 죄책감을 느끼고, 서로 넘지 않기로 약속한 선을 넘은 자신에 대하여 분노를 겪으며, 주변인들의 기대를 저버린 것에 대한 당혹감과 실망감 등을 경험한다. 기독교의 성교육은 이런 모든 것을 이해하는 데 별 도움을 주지 못한다.

또 대부분 그리스도인 젊은이가 받는 성교육은 첫날밤 이후 부부의 성생활에 대해서는 아무것도 말해주지 않는다. 신랑과 신부가 결혼식 날까지 무사히 순결을 지킬 수 있으면, 결혼 후 성관계는 그냥 알아서 잘될 것으로 생각하는 것 같다. 만약 그들이 숫총각, 숫처녀가 아니면, 운이 나쁜 것이며 기혼자들은 일단 결혼반지를 끼고 나면 자연스럽게 완벽한 성생활을 하게 되기 때문인 것이다. 그런데 정말 그런가?

미혼자의 성

미혼자들과 성에 대해 이야기함으로써 그들의 머릿속에 생각을 주입시키는 것은 불가능한 일이다. 결론은 이미 그들 머릿속에 있다. 그것은 사춘기가 시작될 때부터 있었고, 젊은이들이 진지한 관계를 맺고 결혼을 고려하기 시작할 때 더 강해진다. 한 남학생은 이렇게 말했다.

"우리가 결혼해서 다른 부부들이 하는 모든 일을 같이 하는 상상을 해볼 수 있는 것처럼 여자 친구와 성관계를 갖는 것도 상상할 수 있어요. 이때는 정말로 모든 정보를 얻을 필요가 있어요. 결혼이 확실히 임박해오면 성에 관한 대화가 근본적으로 달라지기 때문이에요."

미혼이든 기혼이든, 성적인 문제에 대해 솔직하게 이야기하는 것은 육체를 가진 존재, 따라서 성적인 존재로서 사람들을 존중해주는 것이다.

성에 대해 제일 먼저 이야기해야 할 것 중 하나는 모든 것을 다 알지 못해도 괜찮다는 것이다. 우리 문화는 성과 성적인 능력을 미화한다. 즉 많은 사람이 성적인 경험과 개인의 성숙함이 같이 간다고 생각한다. 그래서 성 경험이 없거나 다른 면에서 미숙하면 그 이유로 어린애 취급을 한다. 그들 자신도 이렇게 생각하며, 어느 정도 성적 경험이 있으면 자신이 성숙하다는 증거로 그것을 과시한다. 경험이 많거나 많은 척하는 소년들은 다른 소년들에게 으스댄다. 경험이 많은 소녀들은 순진하거나 얌전하다고 알려진 소녀들을 무시한다.

"지금 넌 모르는 게 나아. 어차피 나중엔 다 알게 될 테니까."

사실, 경험과 성숙함은 같은 것이 아니다. 성적 경험이 많으면서도 완전히 미성숙한 사람이 있을 수 있다. 마찬가지로 성관계의 경험이 거의 또는 전혀 없어도 남성성과 여성성이 확실하고 잘 훈련된 사람들도 있을 수 있다. 안정되고 잘 훈련된 모습은 사람마다 다를 수 있다. 당신은 성을 결혼으로 풀어야 하는 비밀로 남겨두는 데 만족하고, 독신자로서 다른 것들을 생각하는 데 에너지를 쏟을 수 있다. 그렇지 않으면 훨씬 더 적극적으로 호기심을 가지고, 친구들과의 대화나 당신의 질문 중 일부를 다루고 있는 책들을 통해 유익을 얻을 수도 있다. 호기심을 갖는 것은 전혀 잘못이 아니다! 성은 흥미로운 것이다. 그것에 관해 생각하지 말고 이야기하지 말아야 할 이유가 전혀 없다.

성과 성생활에는, 어떤 사람과 성 관계를 가질 것이냐 말 것이냐를 결정하는 것보다 훨씬 더 많은 것들이 있다. 그렇지만 많은 독신자의 경험 속에서는 이와 같은 결정들이 크게 다가온다. 소녀들은 남자들이 자신들에게 그것을 기대하고 있다는 것을 알기 때문에 성관계를 갖는다. 남자들은 자기들이 원하고, 또 어떻게 하면 되는지 알기 때문에 소녀들과 성관계를 갖는다. 남자와 여자 모두 다른 사람들이 다 하기 때문에 자기들도 거기에 끼고 싶다는 마음에 성관계를 가진다. 그것이 대수롭지 않은 일이라고 생각하기 때문에, 또는 그들이 "사랑하니까" 분명 그 다음 단계는 성관계인 것 같아서 성관계를 가진다.

결혼을 배제한 성관계는 잘못된 생각이다. 성은 서로 약속한 이들 간의 친밀한 결합이다. 성적인 관계는 서로에 대한 헌신을 나타내는 것이다. "나는 나 자신을 당신에게 주고, 당신은 당신 자신을 나에게 준다."는 것이다. 서로 결혼하지 않은 커플이 성관계를 가지면, 그들은 자신의 몸으로 거짓말을 하는 것이다. 거짓말은 그들이 알든 모르든, 사람들을 해친다. 어떤 피해는 명백하다. 즉 성적으로 전염되는 병에 걸리거나(항상 그런 것은 아니지만 실제로 일어나는 일이다.), 당신에게 관심이 있다고 생각했는데 알고 보니 그냥 당신을 이용했던 상대에게 배신을 당할 수도 있다. 또 죄 없는 제삼자에게 피해가 갈 수도 있다. 즉 아기를 제대로 키울 능력이 안 되거나 어떤 이유로든 아기를 낳을 수 없거나 낳기를 원치 않는 사람들이 아기를 갖게 되는 것이다. 실제로 성은 출산으로 이어진다. 피임이 가능한 세상에서 이 사실은 종종 가려져 있지만, 그것을 망각하면 매우 위험하다.

그러므로 우리가 학생들에게 성적인 결정의 기준점으로 제시하는 가이드라인은 다음과 같다.

당신이 아이를 낳아 기르고 싶지 않으면 누구와도 성관계를 갖지 마라. 출산과 양육의 관점에서 성적인 결정을 내리기 위한 기준을 제시하는 것은 성적 행위의 본질 자체에 빛을 비춰 주는 것이다. 성은 매우 강력하고 인간 중심적인 활동이므로, 그 본질상 새 생명을 낳을 수 있고 종종 그렇게 된다. 임신은 "위험"이 아니다. 임신은 성의 목적 중 하나이다. 그렇기 때문에 당신이 성행위의 결과로 새 생명이 태어나지 않게 피임하더라도, 성은 여전히 당신이 기꺼이 새 생명을 만들고 받아들일 수 있는 사람하고만 나눠야 하는 것이다.

그렇다면 이런 혼전 성관계는 어떠한가? 서로 결혼을 약속한 사람들, 부모님께 말씀드리고 결혼 날짜를 잡은 사람들, 결혼식 날까지 자제할 수가 없는 사람들 간의 성관계를 뜻하는 것이다. 이것에 대해서는 세 가지 이야기해 둘 것이 있다.

첫째, 혼전 성관계는 과거에도 있어 왔다. 중세 사회 같은 농업 사회에서는 가정이 자녀들의 노동에 의존했기 때문에 혼전 임신은 일종의 보험증서로 여겨졌다. 즉 결혼하기 전에 그들이 생식능력이 있는지 알아볼 수 있었던 것이다.[6]

모든 신부가 순결한 흰옷을 입을 자격이 있었던 순결의 황금기는 단

연코 없었다. 세상과 교회의 역사를 통틀어볼 때 많은 신랑과 신부가 성적인 경험이 있었고, 결혼식을 올리기 전 서로 관계를 갖는 경우가 많았다. 혼전 순결은 좋은 것이며, 신학적으로나 실제로 그것을 이상으로 삼고 실제로 그것을 위해 노력할 근거가 충분히 있다. 하지만 그것은 역사 속에서도 일반적인 표준으로 여겨지지 않았다.

둘째, 혼전 성관계는 '가장 나쁜 일'은 아니다. 우리는 결코 혼전 성관계를 허용하려는 의도에서 이 말을 하는 것이 아니다. 일부 관점을 소개하고 대화에 균형감각을 갖게 하려는 노력에서 말하는 것이다. 우리는 수업 시간에 이 이야기를 할 때 어디선가 읽은 이야기를 들려준다. 정통 사제가 되기를 갈망하는 남자들을 위한 영적 지도자의 이야기다. 이 젊은이들과 그의 대화는 종종 성적인 죄에 대한 긴 설명으로 이어졌다. 그 영적 지도자는 한숨을 쉬며 그것이 지루한 일임을 인정했지만, 그럼에도 불구하고 그는 그것을 감사히 여겼다. 성이 아니었으면, 이 젊은 남자들은 아예 죄의식이 없었을 것이기 때문이다.

이 시점에서 우리 교실은 항상 겸연쩍은 웃음이 가득 퍼진다. '성의 문제'가 아니었으면, 우리 학생 중 많은 이 또한 죄의식이 없었을 것이다. 우리는 자신의 성적 행위의 결과로 하나님과 멀어진 것을 느끼고 그것을 깊이 후회한다고 고백하는 젊은이들의 글을 많이 받아 보았다. 다른 어떤 행위의 결과로 그와 같은 깊은 후회나 소외감을 느낀다고 고백하는 것은 보기 힘들다. 과음, 탐욕, 게으름, 질투, 분노, 교만……. 우리가 아는 한, 많은 그리스도인 젊은이가 다른 6가지 치명적인 죄에 대해 성의 문제만큼 깊이 회개하는 것을 들어본 적이 거의 없다.

이렇게 죄와 성적인 나쁜 행실을 거의 동일시함과 더불어, 반율법주의와 율법주의의 특이한 결합이 이루어진다. 그리스도인 젊은이들은 자신의 삶 속에서 다른 죄들을 조금씩 자각하더라도 그것을 크게 걱정할 필요가 없다고 생각하는 것 같다. 어쨌든 그들은 은혜로 구원을 받았고, 하나님과 다른 사람들도 그들의 죄로 인해 그들을 비난하지 않을 것이기 때문이다. 그러나 그들의 삶 속에서 성적인 죄를 인지하면, 그 정도에 따라 하나님(절대 멀리 계시지 않고 그들에게 크게 실망하신 것 같은 분)과의 관계, 다른 그리스도인들(그들의 동료 그리스도인들에게서 선한 행실을 기대하는 이들)과의 관계, 또는 비그리스도인들(죄인인 그리스도인들의 증언을 절대 진지하게 받아들일 수 없는 이들)과의 관계를 회복할 수 없을 거라는 두려움을 느낀다.
　우리는 많은 그리스도인이 성적인 면에 대해 좀 더 느슨해지고 다른 많은 것들을 더 진지하게 생각하면 어떨까 질문해본다. 물론 성적인 죄에 특별히 삶을 변화시키는 결과가 따를 수 있고, 그와 함께 특별히 뼈 아픈 후회가 밀려올 수 있다. 그러나 은혜의 본질을 정말로 이해한다면, 상황을 올바로 바라보고, 성적인 죄를 다른 잘못들에 비해 더 중요하거나 덜 중요한 것으로 여기지 않으며, 우리의 상황이 어떠하든 간에 용서를 구하고 더 거룩해질 수 있다.
　결혼을 생각하는 이들 사이에서의 혼전 성관계에 대해 세 번째로 말할 것은 그럼에도 그것을 피하는 것이 더 좋다는 것이다. 여기에는 몇 가지 이유가 있다.
　첫째, 사람들은 결혼할 의향에 대해, 자기 자신이나 다른 사람을 쉽게 속일 수 있다. 한 여학생의 경험이다.

"전 그때 남자 친구와 굉장히 끈끈하다고 느꼈어요. 우린 거의 3년 동안 함께해왔어요. 둘 다 서로 결혼할 것으로 생각했고, 그런 이유로 관계를 갖는 것을 정당화했어요. 전혀 나쁜 일이라고 느껴지지 않았어요. 그렇지만 결국 우린 헤어졌어요. 그제야 제가 실수를 했다는 걸 깨달았어요."

둘째, 결혼 전 성관계가 잘못이라고 믿지만 어쨌든 당신이 관계를 갖고 있다면, 당신은 양심을 거스르고 있고 이것은 결코 좋은 생각이 아니다. 당신이 잘못이라고 믿는 행동을 하는 것은 당신의 양심을 훼손한다. 그것은 옳고 그른 것의 차이를 분별하고, 좋은 것을 택하고 나쁜 것을 거절하는 것을 더 어렵게 만든다. 그리고 특히 성에 관한 한, 당신이 잘못이라고 믿는 성적 행위에 가담하는 것은 성과 죄책감을 서로 옭아매어, 나중에 풀기가 더욱 어려워질 수 있다.

셋째, 만약 아기가 생기면 어떻게 할 것인가?

"대학교 1학년 때 룸메이트가 학교를 그만두고 약혼했어요. 그 친구는 약혼자와 결혼할 것으로 생각하고 성관계를 가졌어요. 그런데 그녀가 임신하자, 그는 움찔하더니 약혼을 취소했어요. 이것이 약혼한 사람과도 성관계를 갖지 말아야 할 충분한 이유가 된다고 생각해요."

사실 우리는 세속적인 문화와 기독교 문화 속에서 살고 있다. 세상의 문화에서는 젊은 사람들이 임신하는 것을 감당하기 힘든 부담으로 여길 때가 많다. 또 기독교 문화는 결혼하지 않은 사람들이 임신하는 것을 용서받지 못할 죄의 증거로 여기는 경우가 너무 많다. 만일 당신이 결혼하기 전에 임신하게 된다면, 당신과 당신의 배우자는 용기 내어 결혼을 밀어붙이고 필요한 실제적 지원을 받을 수 있겠는가? 어쩌면 계획했던 것보다 더 빨리 결혼을 해서, 원망하는 마음 없이 감사함으로 아기를 받아들일 수 있는 가정을 만들겠는가? 그것을 잘 생각해 보라. 그 문제에 대해 서로 의논하고, 그에 따라 결정을 내리도록 하라.

성, 행위 이상의 의미

"남편과 저는 성에 대해 계속 토론하고 있어요. 성관계를 많이 가질수록 친밀감이 더 커지는 걸까요, 아니면 친밀감이 커질수록 성관계를 더 많이 갖게 되는 걸까요?"

한 여성의 질문이었다. 대답부터 하자면, 그것은 둘 다 맞다. 성은 관계에 관한 것이다. 침실 밖에서 만족스러울 만큼 친밀한 관계를 형성하면 만족스러운 성관계를 갖는 데 도움이 된다. 또 만족스러운 성관계는 전반적으로 두 사람의 관계를 향상시킨다.

부부간의 긍정적인 성관계의 기반은 신혼 첫날밤보다 한참 이전부터 형성되기 시작한다. 당신과 배우자가 서로 즐겁게 지내고, 솔직하게 대화를 나누고, 공동의 프로젝트를 위해 힘을 합쳐 일하고, 함께 편안하게 휴식을 취할 수 있는 친밀한 우정을 만들어가고 있다면 성관계가 긍정적이고 친밀한 역할을 할 수 있도록 하는 것이다.

결혼식 전과 후에 성 자체에 대해 대화를 나누는 것은 좋은 생각이다. 누구나 성적인 자아를 관계 속으로 가지고 들어온다. 당신의 상대를 알아가고 또 그 사람에게 당신을 알리는 과정의 한 부분이 성적인 자아를 서로 나누는 것이다. 당신이 처음으로 자신을 성적인 사람으로 인식하게 된 것은 언제였으며, 어떻게 그렇게 되었는가? 당신의 부모님이나 당신의 삶에서 중요한 다른 사람들에게 말이나 본보기를 통해서, 성에 대해 어떻게 가르침을 받아 왔는가? 당신 자신의 성적 경험들은 어떠했는가? 그 경험들은 긍정적이었는가? 부정적이었는가? 혼란스러웠는가? 충격적이었는가? 여러 이야기를 나누라.

불쾌한 내용을 자세하게 이야기하는 것이 중요한 것은 아니다. 사실 불쾌한 내용이 많으면 그중 일부는 그냥 덮어 두는 것이 더 나을 수도 있다. 하지만 당신이 누구인지, 어떻게 살아왔는지, 그리스도인의 결혼에 필요한 성적인 배타성과 성실성의 훈련을 충실히 받을 준비가 되어 있는지에 대해 자기 자신과 상대방에게 정직하게 털어놓고, 그리스도인의 결혼생활에서 누릴 수 있는 성적인 친밀감과 상처받기 쉬운 부분에 대해 마음을 열고 이야기하는 것은 항상 중요하다.

많은 사람이 성에 대한 두려움이나 걱정을 가지고 있다. 특히 성적인 경험이 없고 곧 결혼을 앞둔 사람들은 더 그럴 것이다. 남자들은 신혼 첫날밤에 어떻게 해야 할지 모를까 걱정한다. 여자들은 때때로 자신이 성관계를 싫어하지 않을까, 또는 아픔을 느낄까 걱정한다. 어떤 두려움이든 서로 솔직하게 이야기하면 둘 다 마음이 편해지고 함께 문제를 풀어갈 수 있다는 걸 알게 된다. 최근 결혼한 신부의 이야기다.

"우리는 성관계를 갖는 동안 많은 이야기를 나눴어요. 처음엔 우리가 뭘 하고 있는 건지, 또는 제대로 하는 건지도 몰랐어요. 마치 어린아이가 된 것 같아 웃음이 터져 나왔지요. 그것에 대해 서로 얘기할 수 있고 또 함께 웃을 수 있는 것이 매우 좋았어요. 둘 다 혼자서 어색해하지 않아도 됐으니까요."

또 한 가지 보편적인 두려움은, 많은 그리스도인 청년이 그동안 받아온 성교육 때문에 생겨난다. 그 교육은 그들이 곤경에 빠지지 않도록 보호하기 위한 방편으로 죄책감을 주로 이야기한다. 그 결과 그들은 성 자체가 나쁜 것이라는 생각을 하게 되는 것이다.

이것은 누구에게나 너무 부당한 짐이다. 사실 성은 나쁜 것이 아니다. 성은 매우 강력한 것이기에 다른 것들과 마찬가지로 악용할 경우 매우 위험하다. 성을 올바르게 사용하려면 훈련과 지혜가 필요하며, 그것은 두려워서 피하는 것과 완전히 다르다. 미혼에서 결혼으로의 전환을, 한 종류의 훈련에서 다른 훈련으로의 전환이라고 생각하도록 하라.

독신의 훈련은 우리에게 남자와 여자로서 성적 에너지가 직접 표출되기보다 바람직한 방향으로 전환되는 관계를 맺을 것을 요구한다.[7] 결혼의 훈련은 우리에게 배우자와 성적인 친밀감을 키워 갈 기회를 제공한다. 성은 어느 날은 나쁜 것이었다가 다음 날은 좋은 것으로 바뀌는 것이 아니다. 처한 상황에 따라 다르게 행하는 인간 존재의 차원으로 이해해야 하는 것이다. 그동안 두려움과 죄책감으로 성을 바라보도록 교육을 받았더라도, 인내와 온유함으로 결혼생활과 부부의 성생활로 들어갈 수 있다. 그 변화는 긍정적이고 삶에 생기를 준다.

성적인 관계에는 여러 가지 면이 있다. 전통적으로 그리스도인들은 성의 목적을 두 범주로 요약해왔다. 그것은 연합과 출산이다. 간단해서 좋지만, 좀 더 설명을 덧붙이는 것이 좋겠다. 성은 그 결과로 임신을 하든지 안 하든지, 단순한 두 몸의 결합 이상의 의미가 있다. 그것은 서로 기쁨을 주고받는 것이며, 감정적, 육체적 친밀감을 나누는 것이다. 그것은 일상의 스트레스와 긴장감 속에서 우리를 하나 되게 해준다. 또한 우리가 사랑받을 만한 존재이며 사랑받고 있음을 느끼게 해준다.

따라서 성은 단순한 행위 이상의 의미가 있다. 성은 우리의 몸 안에서, 몸을 통해 서로 친밀한 관계를 맺는 방식이다. 성은 애정, 관능성, 재미를 포함한다. 상대방에 대한 에로틱한 반응, 또 당신에 대한 상대방의 에로틱한 반응을 포함한다. 함께 나누는 감각적이고 성적인 즐거움에서 오는 만족감을 포함한다.

부부의 성에 대한 이러한 포괄적이고 유연한 이해는 일반적인 사고와 행동 습관에 어긋난다. 특히 그것은 성을 단순한 행위 자체와 동일시하는 경향과 반대된다. 많은 그리스도인 젊은이가 한편으로는 성적으로 과도하게 집중된 세상의 청년 문화에 압력을 받고, 다른 한편으로는 과도하게 도덕적인 기독교 청년 문화에 의해 압력을 받는다. 세상의 문화는 거의 모든 것을 허용하고, 기독교 문화는 순결을 무엇보다 중시한다. 그런 맥락에서 직접적인 행위 외의 모든 성적 행위를 "진짜 성관계가 아닌 것"으로 간주하는 것을 이해할 수 있을 것 같다. 이것은 그리스도인들에게 거의 비그리스도인들만큼 문란하게 생활할 수 있는 문을 열어 준다. "그 행위"만 피하면 아직 순결하다고 주장할 수 있기 때문이다. 이런 추론이 진짜로 그들의 혼란스러움과 순진함을 반영하는지, 아니면 계획된 위선과 자기기만인지 알기는 어렵다.

하지만 그러한 태도가 끼치는 피해는 독신자들에게만 국한되지 않는다. 이러한 태도는 결혼에까지 이어지며, 계속해서 성을 환원주의적 관점으로 이해하고, 행위 이상도 이하도 아닌 것으로 여긴다. 성이 행위와 동일시될 때 그것은 하나의 성과처럼 여겨지기 쉽다.

서로가 젊고, 흥분과 혈기가 넘치는 때는 이것이 그렇게 문제처럼 보이지 않을 것이다. 그러나 사람들이 나이가 들면, 특히 남자들의 경우 성적인 기능이 점점 더 쇠퇴한다. 그러면 당신의 몸이 더 이상 청년의 몸처럼 기능하지 못할 땐 무엇을 할 것인가? 당신이 성을 행위로 규정했고, 그에 따른 성과처럼 합격, 불합격 여부로 여겨 왔다면, 더 이상 좋은 길이 보이지 않을 것이다. 결국 당신은 성관계를 시도했다가 실패하느니 아예 하지 않기로 결심할 것이다.

실제로 이런 일이 종종 있다. 부부의 3분의 2 정도는 중년쯤 되면 더 이상 성관계를 갖지 않는다. 대부분의 경우 남편이 일방적으로 조용히 그렇게 하기로 결정을 내린다. 그는 성적인 "실패"가 두려워서 아예 피하는 것이다.[8] 이것에 대해 대화를 나눠 본 적이 없기 때문에 아내들은 문제가 무엇인지 모르고, 자신이 남편에게 더 이상 매력이 없는 것으로 결론을 내리기 쉽다. 그러면 전반적으로 결혼생활에 친밀감과 만족감이 줄어들게 된다.

어쩌면 대부분이 아직 결혼도 안 했을 젊은 사람들을 대상으로 쓴 책에서 그러한 문제들을 이야기하는 것이 시기상조처럼 보일 것이다. 그러나 우리가 남자들과 여자들로부터 여러 번 들은 바에 의하면, 나이가 들수록 부부 관계가 더 냉랭해지고 성관계가 없어질까 두려워하고 있었다. 젊은 사람들은 그들의 부모님이 어떻게 자신들을 낳았는지 상상하기가 매우 힘들 것이다. 지금 부모님은 어떤 식으로든 육체적인 관계를 갖는 것처럼 보이지 않기 때문이다. 이것은 불가피한 일인가? 성은 젊을 때 활활 타오르다가 중년이 되면 꺼져 가는 불과 같은 것인가?

꼭 그렇다고만 할 수는 없다. 시간이 갈수록 몸은 변하고, 성도 변한다. 그러나 그 변화가 꼭 좋은 쪽에서 나쁜 쪽으로의 변화는 아니다. 젊음의 미덕에서 성숙함의 미덕으로 변화될 수도 있다. 성은 단지 신체 기능과 호르몬의 문제만이 아니다. 성은 관계와 연약함과 친밀감을 원하는 마음과 관련된 것이다. 부부 관계의 이런 측면들은 나이가 들수록 더 좋아진다. 그리고 그 결과, 더 많은 성숙한 부부가 세월이 갈수록 성적인 만족감이 더 커지는 것을 발견할 수 있다.

이렇게 되기 위해 당신이 젊을 때 할 수 있는 일들이 있다. 가장 중요한 것은 다른 많은 일과 마찬가지로 성에서도 "완벽함"이 "적"이 된다는 사실을 인정하는 것이다. 할리우드 영화에서부터 포르노 비디오, 텔레비전, 광고지까지, 우리는 "완벽한" 성의 이미지들에 둘러싸여 있다. 거기엔 언제나 완벽한 몸을 가진 사람들이 로맨틱하고 감각적인 분위기에서 서로의 품에 안겨 침대로 향한다.

그러나 실제 성관계는 좋은 것이지 완벽한 것이 아니다. 그것은 하나의 성과가 아니며 항상 똑같지 않다. 성은 서로를 즐기며, 서로에게 자신을 주고 또 서로를 받아들이는 두 사람에 관한 것이다. 실제 성은 다정한 애정 표현에서부터 감각적이고 친밀한 접촉까지 포함한다.

결혼생활 안에서 유연하고 관계적인 성적 파트너십을 키워갈 수 있으면, 결혼 초기인 지금 당신의 상대와의 친밀감이 더 커질 것이다. 또 당신의 결혼생활이 성숙해질수록 그 유연하고 관계적인 성적 파트너십이 당신에게 더 도움이 될 것이다. 그러면 나이가 들거나 병이 들거나 능력을 상실함으로 인해 당신의 삶과 신체에 어떤 변화가 생기더라도, 평생 배우자와 성적인 친밀감을 즐길 수 있을 것이다.

이 점에 있어서 기독교 신앙이 우리에게 힘이 되어 주어야 한다. 기독교 신앙은 실제 세상에서의 삶에 관한 것이지, 할리우드나 매체의 영감을 받은 환상의 세계에 관한 것이 아니다. 그리고 그리스도인의 결혼은 장기적인 것으로, 젊을 때만이 아니라 중년과 그 이후의 삶을 위한 것이다. 성욕과 관능성은 결혼생활의 한 부분이다. 그것은 부부의 모든 삶의 여정에서, 부부간의 친밀감을 느끼게 해주는 귀중한 요소가 될 수 있으며 그렇게 되어야만 한다.

혼 후 순결

많은 그리스도인이 결혼 전 순결의 중요성만 강조하고, 결혼 후 적절한 순결에 대해선 신경도 쓰지 않는 것 같다. 특히 결혼생활에서의 정절은 저절로 지켜지는 것처럼 보일 수 있다. 일단 합법적인 성적 상대가 생기면, 그 사람에게만 마음을 주고 다른 사람들은 쳐다보지도 않을 거라 생각하는 것 같다.

그러나 꼭 그렇게 되지는 않는다는 것을 우리 모두 안다. 대부분의 남편과 아내는 서로에게 충실하다. 그러나 사실 우리는 불륜을 권장하는 문화 속에 살고 있다. 참신함과 다양성이 행복한 삶의 필수 요소들로 그려지며, 무엇보다 성에 관해서는 더더욱 그렇다. 그것이 사실이라면, 평생 똑같은 사람과 성적인 만족을 누리는 것을 어떻게 기대할 수 있겠는가? 그리스도인들도 다른 사람들과 마찬가지로 이런 압력에 약하다. 학생들도 그렇게 고백했다.

"그리스도인도 배우자 외에 다른 사람과 성관계를 가지면 어떨까 하는 생각을 가끔 하는지 궁금해요."

"저는 저의 결혼생활에 권태기가 올까 걱정돼요. 성생활이 차츰 시들해지면, 그것을 놀랍고 아름다운 것으로 여기는 대신 일상적인 일로 여기게 될까 두려워요."

문화적으로 이렇게 참신함과 흥분을 강조하는 것에 대한 실제적이고 신학적인 대응이 있다. 실제로 말하면, 계속해서 새로운 성 경험에 자유롭게 접근한다고 해서 만족을 느끼게 되는 것은 아니다. 다시 말해서, 인터넷과 다른 곳에서 음란물과 성적인 유혹이 계속 확산하는 데는 이유가 있다. 즉 새로움을 위한 새로움은 사람들로 하여금 더 많은 것을 원하게 만들 뿐이다.

끊임없이 더 많은 것을 원하고 더 좋은 것을 찾는 사람들에게는 이것이 납득이 잘 안 될 수도 있지만, 성적 만족은 새로움과 관련이 없다. 그것은 유대감, 관계와 친밀감과 관련된 것이다. 참된 성적 만족은 익숙함과 공존할 수 없는 것이 아니다. 그것은 자신의 삶과 몸으로 서로를 신뢰하는 법을 배웠거나 지금 배우고 있는 상대에게만 보여줄 수 있는 존중에서 나오는 것이다.

또 한 가지 사실은 불륜이 당신의 삶에 어떤 성적인 흥분을 가져다줄지 모르지만, 그것은 또한 훨씬 덜 유쾌한 또 다른 흥분도 가져다줄 것이다. 즉 심하게 손상되고 영원히 깨져 버린 결혼생활과 함께 오는 격변과 고통이다. 불륜은 특히 부부 관계와 배우자들, 자녀들, 그리고 개인과 가족이 속한 더 넓은 공동체에 피해를 준다. 그 일이 이혼으로 귀결되든 그렇지 않든 간에, 틀림없이 당신에게, 또 당신과 관계가 있는 모든 이에게 상처를 줄 것이다.

불륜이 당신에겐 일어나지 않을 것으로 생각하거나 바라기보다, 적극적으로 그것을 예방하는 것이 더 좋다. 어떤 상황에서 불륜의 유혹을 받기 쉬운지에 대해 배우자와 대화를 나누라. 그와 같은 상황이 오면, 충동적으로 행동하지 않고 그것에 대해 서로 이야기하기로 합의하라. 둘 중 한 사람이 실제로 부정을 저지를 경우, 그 일이 일어난 지 24시간 이내에 서로 이야기하기로 하라. 불륜 자체보다 감추는 것이 더 큰 해를 가져올 수 있다.

물론 그리스도인들은 실제적인 이유뿐만 아니라 신학적인 이유로 결혼생활에 충실하기로 다짐한다. 그리스도인의 결혼은 하나님과 그의 백성들 간의 관계를 나타내기 때문이다. 하나님은 친히 하나님과의 관계 속으로 부르신 이들에게 신실하시며, 그들을 위해 사랑으로 그 자신을 내어 주신다. 그리스도인 부부도 서로 그처럼 해야 한다. 이것은 저절로 되는 일이 아니다. 그것은 선물이며 소명이다. 결혼생활에 충실하면 복음에 의해 변화되는 삶을 살며 복음에 내재된 변화를 받아들일 수 있게 될 것이다.

새로운 동행자

06
자녀 양육, 그 특별한 의미

그리스도인 공동체의 형상

많은 이가 결혼을 주로 자신과 배우자의 이익을 위해 존재하는 것으로 여기곤 한다. 우리가 결혼하는 이유는 함께 있고 싶어서다. 더 구체적으로 말하면, 단둘이서만 있고 싶어서다. 우리는 다른 사람들의 방해나 간섭 없이 둘만의 시간을 즐기기 원한다. 사적인 생활은 공적인 생활에서 일어나는 침범들로부터 피할 곳을 마련해주며 그만큼 소중하게 여겨진다. 남편과 아내는 문을 닫고 그들만의 관계와 그들만의 결혼생활을 누릴 수 있어야 한다고 생각한다.

그러나 이렇게 개인화되고 내적으로 집중된 결혼생활의 비전은, 우리가 성경에서 발견하는 그리스도인의 결혼에 대한 묘사와 결코 일치하지 않는다. 성경은 결혼을 그리스도인 공동체의 형식 또는 형상으로 제시한다. 결혼은 그리스도와 교회의 관계와 비슷하다고 바울은 이야기하며(엡 5:32), 그 관계는 깊고 친절하지만 순전히 개인적인 것만은 아니다. 오히려 그 관계의 기초와 특징은 다른 사람을 대접하는 것이다. 모르는 사람을 환영해주고, 그 결과 때때로 그 낯선 사람과 그를 환영하는 공동체 안에 놀라운 변화가 생긴다.

대접은 인류와 이스라엘 백성과 하나님의 역사의 시작점으로 거슬러 올라간다. 하나님이 우리의 첫 조상을 창조하셨을 때 그들의 거처로 만드신 동산 안에 그들을 두셨고, 먹을 음식과 할 일을 주셨다. 아담과 하와가 에덴에서 쫓겨났을 때 하나님은 이별을 고하시면서도 그들에게 옷을 입혀 주셨다(창 3:21). 이스라엘 백성들이 약속의 땅에 들어갔을 때 모세는 그들이 방황하는 나그네들이었으나 하나님께서 그들을 환대해주셔서 그들을 먹이고 입히고 보호해주시며 거기까지 인도해주셨음을 기억하라고 가르쳤다. 그에 대한 응답으로, 그들 가운데 있는 이방인과 나그네들을 돌보는 것이 그들의 의무였다(신 26:1-15).

신약성경에서 우리는 하나님의 백성들의 범위가 이방인들에게까지 확장되는 것을 본다. 이방인들은 약속의 언약들에 대하여 외인이었지만, 그들이 구약의 하나님의 백성들과 하나가 되었다고 바울은 말했다.

> 그러므로 이제부터 너희는 외인도 아니요 나그네도 아니요 오직 성도들과 동일한 시민이요 하나님의 권속이라(엡 2:19).

그리고 하나님의 환대가 그의 백성들의 삶에서 재현되어야만 했다.

손 대접하기를 힘쓰라(롬 12:13).

대접하기를 힘쓰라(벧전 4:9).

    바울이 로마 교회에 전한 글과, 사도 베드로가 전반적인 교회를 향해 이야기한 구절에서 이를 반복하여 이야기함을 볼 수 있다. 대접은 당신의 사생활이나 친밀한 관계를 없애지 않는다. 반대로, 대접하려면 오히려 경계선이 필요하다. "안"과 "밖"의 구분이 없다면, 누구든 안으로 초대할 수 없기 때문이다. 그러나 동시에 당신의 담에 문이 없다면, 또는 그 문들이 항상 굳게 닫혀 있다면 아무도 안으로 초대할 수가 없다. 이것은 다른 그리스도인의 공동체들과 마찬가지로 그리스도인의 결혼생활에도 해당하는 사실이다.

    그리스도인의 결혼생활은 매우 사적인 요소들을 가지고 있다. 남편과 아내의 성관계도 이 가운데 포함된다. 또 동시에 생명을 주는 성관계는 배타적이고 사적인 부부의 침상에 중요한 대접의 기회가 있음을 의미한다. 그것은 모든 그리스도인 부부에게 주어지는 기회다. 즉 자녀를 맞이할 기회인 것이다.

    물론 성관계는 자녀를 갖기 위한 것만이 아니다. 또 아이들을 낳고 기르는 것만이 그리스도인 남편과 아내가 대접하기를 힘쓰라는 명령에 응답할 수 있는, 또는 응답해야 하는 유일한 방법은 아니다. 그러나 자녀들과 다른 외인들에게 우리의 삶과 결혼생활을 개방하는 것이 무엇을 의미하는지에 대해 생각할 때, 이것을 마음에 새겨 두면 도움이 된다. 대접은 개방과 변화를 일으킬 수 있기 때문이다.

그리스도인은 왜 자녀를 갖는가

어떤 의미에서 우리가 자녀를 갖는 이유는 명백하다. 사람들은 성관계를 갖고, 성관계를 가지면 자녀를 낳게 된다. 물론 다 아기를 갖게 되는 것은 아니다. 그러나 통상적으로 많은 아이가 태어나고 있다. 사람들은 또한 자녀를 원하기 때문에 낳는다. 그들은 아이들을 좋아한다. 자신의 행복했던 어린 시절을 기억하며, 자기 아들딸들의 행복한 어린 시절을 기대하는 마음이 있다. 그들의 부모가 그들의 삶 속에서 했던 역할들에 감사하며, 그러한 선물을 자기 자녀들에게 넘겨줄 날을 고대할 것이다. 그들은 생물학적으로 "자기" 자녀들을 갖기 원한다. 자신의 혈통을 이어 가고 자신이 죽어도 자식들은 계속 살아남을 것이다.

다른 한편으로, 현대에는 피임을 적극적으로 권장하기도 한다. 산업화 이전 사회와는 달리 현대 사회에서는 자녀들이 경제적 부담이 되고 있다. 20년 이상 자녀들을 보살피고 입히고 학교에 보내려면 부모의 큰 희생이 필요하며, 그 후에는 자녀들이 멀리 이사를 하거나 늙은 부모를 보살피지 않는다는 얘기가 들려온다. 오히려 자녀가 없으면 노년에 보살핌을 받을 가능성이 더 커질 수도 있다. 돈을 모아서 말년에 간호인을 고용하면 되니까 말이다.

자녀들을 기르는 것과 인생에서 다른 기회들을 추구하는 것을 병행하기가 어려울 수도 있다. 여성들에게 직장과 자녀 중 하나를 선택하도록 요구하는 사회에서는 일반적으로 여성들이 돈을 따라갈수록 출산율이 급락하는 것을 보게 된다.[9] 좀 더 가정 친화적인 사회 정책을 가진 나라들, 또는 부모들이 자유롭게 가정과 직장생활을 병행할 수 있는 나라들에서도, 종종 현실은 직장에서 높은 자리에 오르려면 자녀를 거의 또는 아예 낳지 않는 것이 더 좋다는 것이다.[10] 또한 아이를 낳는 것이 정말 세상에 좋은 일인가? 자녀를 낳는 것, 또는 한 명이나 두 명 이상의 자녀를 낳는 것이 세상의 한정된 자원들을 위협하는 것은 아닐까?

기독교적 관점에서, 자녀는 단지 어쩔 수 없는 삶의 현실이 아니다. 당신이 장단점을 놓고 어떻게 저울질하느냐에 따라 가질 수도 있고 안 가질 수도 있는 그런 것이 아니다. 자녀는 결혼생활의 열매이다. 하나님이 인간을 남자와 여자로 만드시고, 결혼으로 남자와 여자를 하나 되게 하신 목적 중 하나가 자녀들을 낳고 기르는 것이다. "생육하고 번성하라."는 하나님의 말씀은 단지 인류 전반을 향한 것이 아니라 구체적으로 남편과 아내를 향해, 한 몸을 이루어 자녀들을 낳아야 할 이들을 향해 말씀하신 것이다(창 1:28; 2:24).

자녀는 축복이다. 실제로 이것이 늘 명확하게 보이는 것은 아니다. 우리의 세상은 유한하고 타락한 곳이다. 세상의 한계와 부패는 자녀의 출산과 양육과 관련해서도 명백하게 나타난다. 간절히 기다리던 임신이 유산으로 끝날 수도 있다. 출산은 어머니와 아이 모두에게 고통스럽고 생명을 위협하는 일일 수 있다. 아이가 어릴 때 죽으면 부모는 큰 상실감에 빠진다. 아이가 잘못된 길로 빠지면 부모의 가슴은 찢어진다. 그들은 가인과 아벨처럼 서로를 죽이거나(창 4:8), 야곱과 에서처럼 서로 속이고(창 27장) 요셉과 그의 형들처럼 서로 배신하기도 한다(창 37장).

그러나 성경은 자녀들을 축복과 약속으로 묘사한다. 아브라함을 향한 하나님의 약속은 밤하늘의 별들처럼 무수한 자손을 주시겠다는 것이었다(창 15:5). "여호와를 경외하며 그의 길을 걷는 자마다 복이 있도다.", "네 집 안방에 있는 네 아내는 결실한 포도나무 같으며 네 식탁에 둘러앉은 자식들은 어린 감람나무 같으리로다(시 128:1, 3-4)."라고 시편 기자는 말한다. 이사야는 앞으로 임신하지 못하는 여인들도 자녀를 얻게 될 거라고 말한다(사 54:1). 그날에 하나님의 백성들은 "수고가 헛되지 않겠고 그들이 생산한 것이 재난을 당하지 아니하리니 그들은 여호와의 복된 자의 자손이요 그들의 후손도 그들과 같을(사 65:23)" 것이다.

복음서는 부모의 자격과 출산을 상대적으로 다룬다. 예수님께 "당신을 밴 태와 당신을 먹인 젖이 복이 있나이다."라고 소리친 여자에게 예수님은 오히려 "하나님의 말씀을 듣고 지키는 자가 복이 있느니라."고 대답하신다(눅 11:27-28). 그러나 동시에 어린아이들은 어디에서나 예수님의 사역에 포함된다. 예수님은 아픈 아이들을 치료해주신다(마 17:14-18). 죽은 아이들을 살려 주신다(눅 7:11-17). 아이들에게 먹을 것을 주신다(막 5:21-43). 아이들이 가져온 음식으로 다른 사람들을 먹이신다(요 6:1-14). "어린아이들을 용납하고 내게 오는 것을 금하지 말라 천국이 이런 사람의 것이니라(마 19:14)."고 말씀하신다.

우리는 교회 생활 속에서 이 모든 주제가 계속되고 있는 것을 발견한다. 아이들은 절대적 선이 아니라 상대적 선이다. 그리스도인들은 결혼의 의무나 아이를 낳을 의무가 없다. 다음 세대의 신자들을 위해 그리스도인들이 자녀를 낳아야만 하는 것은 아니다. 즉 우리가 자녀를 낳아야만 교회가 계속 유지될 수 있는 것은 아니다. 반대로, 하나님은 부모의 정체성이나 믿음과 상관없이, 증거와 회심을 통해 교회에 신자들을 더해주신다.

　그와 동시에, 자녀들은 그리스도인 공동체의 삶과 희망에 없어서는 안 될 존재들이다. 사도 베드로의 말처럼, 복음의 약속은 "너희와 너희 자녀"에게 주신 것이다(행 2:39). 다른 사람의 자녀를 보살피고 교육하는 일은 그리스도인들이 오랫동안 헌신해 왔던 일 중 하나다. 또 그리스도인들이 결혼할 때 자녀는 결혼의 목적이자 바라는 복이다.

　기독교의 성경과 전통에서 자녀들을 긍정적인 시각으로 바라보고, 결혼생활이 성을 포함하며 성관계는 대개 자녀의 출산으로 이어진다는 단순한 사실들을 고려할 때, 많은 그리스도인 젊은이의 출산과 자녀 양육을 바라보는 관점이 상당히 변덕스럽다는 것은 매우 흥미로운 사실이다. 갓 결혼했거나 결혼을 앞둔 사람들 사이에서도 이런 모습을 볼 수 있다. 자녀를 갖고 싶다고 말하는 이들 중에서도 대다수는 "아직은 때가 아니다."라고 말한다.

　왜 지금은 아닌가? 그들이 아직 준비가 안 되었다는 것이다. 경제적으로 안정되지 못했다. 직장생활도 자리를 잡지 못했고, 또 매우 바쁘다. 아이들의 필요나 스케줄을 고려하지 않고 마음대로 자유를 즐길 수 있는 지금이 좋다. 많은 경우에 그들은 아기를 "너무 빨리" 가지면 부부생활에 좋지 않다고 가르침을 받아 왔다. 그래서 기다리기로 한다. 언제까지? 5년 동안. 그래서 이 긴 기간이 무사히 지나면, 그들이 준비되어 있을 것으로 생각한다.

　또 상당히 많은 젊은이가 단지 부모 됨의 실제적인 의미에 대해서만이 아니라 자녀를 낳는다는 개념 자체에 대해 불안감을 나타낸다. 이런 젊은이들은 비록 아직은 아니더라도 자녀들을 키우기 원하지만 직접 자녀를 낳지 않고 입양을 계획하는 경우가 많다. "아내와 함께 우리가 결혼한 이유에 대해 이야기를 나누었는데, 출산은 그 이유 중 하나가 아니었어요."라고 한 젊은 남자가 말했다.

"우리는 입양이 가족에 대한 그리스도의 재정의에 더 가까운 모델이라고 믿어요."

그렇게 생각하는 것은 그 사람만이 아니다. 젊은 사람들은 묻는다. 이미 이 세상에는 집과 가족이 필요한 아이들이 그렇게 많은데 자기 아이를 낳는 것은 이기적인 것 아닌가? 세상은 무서운 곳이다. 이미 세상에는 곤궁한 사람들이 매우 많다.

"너무나 많은 아이가 불행하고 힘들게 살고 있다. 이 세상에 왜 더 많은 눈물을 가져오려 하는가?"

"아무도 원하지 않는 한 아이의 삶을 내가 지원해줄 수 있는데 그러지 않고 나 자신의 아이를 낳는 것은 스스로 허락할 수 없다."

이런 의견을 가진 이들을 우리는 쉽게 만날 수 있었다. 우리는 이렇게 명백하게 입양을 선호하는 입장 뒤에는 실제 출산과 입양의 현실에 대한 낭만적인 무지함이 있을 것으로 생각한다. 대부분은 입양을 호의적으로 바라보지만, 입양하기 위해 구체적인 행동을 취하는 사람들은 매우 드물고 실제로 입양하는 사람은 더욱 드물다. 한 가지 주요 원인은 입양에 드는 높은 비용 때문이다. 또 다른 원인은 입양이 가능한 아이의 수가 상대적으로 매우 적다는 데 있다. 또 입양이 가능한 아이 중에도 많은 아이가 특별한 필요를 가지고 있어 입양하기가 어렵다. 즉

"아무도 원하지 않는" 아이들의 입양은 매우 드물며, 어느 해나 출산을 통해 가족이 되는 아이들의 1%를 조금 넘는다.[11]

더 심각한 것은, 입양의 본질에 관한 심각한 오해다. 입양은 부모의 세계로 들어가는 무임승차권 같은 것이 아니다. 입양은 아이의 부모가 스스로 그 아이를 키울 수 없을 때 안전한 사랑의 분위기 속에서 아이를 양육하려는 방법이다. 입양은 아기를 간절히 기다리는 부모의 집에 아이를 보내 행복한 결말을 맞을 수 있지만, 입양에서 제일 중요한 것은 아이이고 입양하는 부모는 두 번째이다. 또 입양에 관여하는 모두에게 필연적으로 득과 실이 있게 마련이다. 즉 아이를 포기하는 부모, 입양하는 부모와 그 아이에게 말이다. 물론 모두에게 잃는 것보다 얻는 것이 훨씬 더 많을 수도 있다. 그러나 입양은 언제나 복합적인 상황에 대한 복합적인 대응이며, 아무리 출산에 대해 거리낌이 있더라도 중간을 건너뛰는 간단한 방법은 없다.

스스로 조절하고 결정하는 임신과 출산, 피임

가장 기본적으로, 우리는 출산과 입양에 대한 많은 젊은이의 태도에서, 언제든 믿을 만한 피임법을 사용할 수 있어 출산에 대한 도덕적 계산법이 바뀌고 있다는 것을 엿볼 수 있다. 과거에는 결혼을 결심한다는 것은 곧 부모가 되기로 하는 것과 마찬가지였다. 결혼한 부부는 아이를 갖기로 "결정"할 필요가 없었다. 대부분의 경우 아이는 그냥 생기는 것이었다.

그런데 피임이 그것을 바꾸어 놓았다. 피임이 시대의 한 풍조가 된 지금, 아이는 그냥 태어나는 것이 아니다. 또는 적어도 아이들이 그냥 태어나게 해서는 안 된다. 지금 자녀는 열매가 아니라 선택이다. 개인과 부부들은 아이를 가질 것인지, 언제 가질 것인지를 선택할 수 있고, 사실상 그렇게 선택을 해야만 한다. 피임하지 않기로 하는 것도 피임하기로 하는 것과 마찬가지로 우리가 해야 하는 결정이다.

자녀가 선택의 문제가 되면, 전체적인 상황이 달라진다. 자신의 임신을 조절할 수 있는 선택은 의무가 된다. 피임 문화는 우리에게, 이상적이지 않은 상황에서 자녀를 갖는 것은 잘못이라고 가르친다. 너무 빨리 자녀를 갖는 것도 잘못이다. 너무 많은 자녀를 갖는 것도 잘못이다. 충분히 계획하지 않고 아이를 갖는 것도 잘못이다. 이런 사회 풍조 속에서 자신은 아예 아이를 원치 않는다거나, 다른 사람의 아이를 입양하고 싶다거나, 적어도 좀 더 기다렸다가 아이를 갖고 싶은 마음이 들 때 갖는 게 좋겠다고 생각하는 것이 이상한 일도 아니게 되었다.

그러나 피임이 빈틈없이 우리의 임신을 막으라고 가르칠 때 우리는 진정 자녀를 선물로 받아들일 수 있는가? 생식 기술이 우리에게 자녀를 제조 프로젝트로 여기도록 가르칠 때 우리는 진정 열매 맺듯 자녀를 낳을 수 있는가?

피임의 합당한 이유가 있다 해도, 분별없이 하지 말고 주의 깊게 해야 하는 충분한 이유가 있다. 피임은 치약이나 탈취제 같은 또 하나의 개인위생 제품이 아니다. 피임은 당신의 신체에 영향을 미치며, 배우자와의 성관계에, 결혼생활 전반에, 이 세상에서의 존재 방식에 전체적으로 영향을 미친다. 그것은 생각해봐야 할 문제이고, 서로 이야기해봐야 할 문제이다.

제일 먼저 생각해볼 것 중 하나는 피임이 정말로 약속한 것을 우리에게 주느냐는 것이다. 즉 단지 임신으로부터의 자유가 아니라 임신에 대한 걱정으로부터 자유롭게 해주는가? 우리가 아무리 그러한 결과들을 피하려고 최선의 노력을 한다고 해도, 가능할지 모르는 결과에 대한 두려움에 사로잡혀 있다면 정말로 성관계를 즐길 수 있겠는가? 피임하는 성관계는 현대의 소비자들이 이용할 수 있는 여러 가지 변질된 제품들처럼 보이기 시작한다. 디카페인 커피, 다이어트 소다, 무지방 아이스크림, 이 모든 것은 원치 않는 결과들을 예방하며 이 상품들의 무한한 소비를 가능하게 한다. 그런데 그런 것을 정말로 즐기는 사람은 없다.[12]

그렇다면 당신은 왜 피임법을 사용하거나 사용을 고려하고 있는가? 피임 문화는 아기가 당신의 삶에, 당신의 계획에, 당신의 결혼생활에, 당신의 몸에 가져올 변화를 두려워하도록 부추긴다. 피임은 또한 통제의 환상을 갖게 한다. 즉 당신이 원하는 아이를, 원하는 때에 가질 수 있고, 원치 않을 때에는 막을 수 있으며 또 그럴 수 있어야 한다고 생각하게 하는 것이다. 그리스도인으로서 우리는 우리의 삶을 우리의 생각대로 조절할 수 있다는 환상이나 두려움에 굴복하지 않고 신중하게 피임법을 사용하며, 이런 유혹들을 뿌리칠 수 있는가?

피임 산업은 점점 더 오래 가고 성관계와 완전히 무관한 피임 방법들을 향해 가고 있다. 50년 전에 처음 발명된 피임약은 정자의 접근을 차단하는 피임법에서 크게 진보한 것으로 칭송을 받았다. 왜냐하면 여자가 피임법에 대해 상대와 의논할 필요가 없어졌기 때문이다. 요즘은 하루에 한 번 알약을 먹는 것이 너무 번거롭다는 생각이 지배적이다. 즉 사람들은 "거의 생각이나 행동을 할 필요가 없는 극히 간단한 피임약"을 필요로 한다.[13] 이것의 명백한 문제는 별생각 없이 매우 간단하게 피임을 할 수 있으면 성관계도 그렇게 될 거라는 점이다. 그것이 정말 우리가 원하는 것인가? 그것이 정말 성과 결혼과 인간의 삶의 본질에 대한 그리스도인의 생각에 부합되는 것인가?

피임에 대해 마지막으로 생각해볼 문제는 임신과 관련이 있다. 만약 당신이 피임했음에도 불구하고 임신을 한다면 어떻게 할 것인가? 많은 피임법이 매우 효과가 높지만, 100% 장담할 수 있는 것은 아니다. 실제로 사람들이 항상 계획한 때에 임신하지는 않는다. 가능성을 열어 두는 것은 그리스도인의 신실함의 한 부분이다. 자녀에 대한 열린 마음은 그리스도인의 결혼생활에 꼭 필요한 것이다. 우리는 자녀들에 관한 열린 마음을 가지고 피임법을 사용할 수 있겠는가?

임신과 출산을 우리가 꼭 조절해야 하고 이상적이지 않은 환경에서는 막아야 하는 것으로 여기는 입장에 대한 신학적 대안은 믿음과 소망과 사랑의 렌즈를 통해 자녀의 출산과 양육을 바라보는 것이다. 그리스도인들은 믿음으로, 자녀가 생기는 것처럼 예측할 수 없고 위험부담이 가득한 사업 가운데 하나님의 보살핌이 그들에게 미친다는 것을 신뢰해야 한다. 세상은 위험으로 가득하고, 우리는 그것으로부터 우리의 자녀를 온전히 보호할 수 없다. 앞으로 부모인 우리에게 어떤 힘든 일들이 닥칠지, 우리가 그러한 도전에 어떻게 맞설지 정확히 알

수는 없다. 그러나 믿음으로 우리는 하나님의 사랑과 인도하심과 보호하심이 이 미지의 영역까지 우리와 함께할 것이며 거기서 우리가 평안과 축복을 발견할 것으로 믿는다.

그리스도인들은 소망을 가지고 자녀의 선물을 기대한다. 이 선물이 정확히 그들이 기대하는 때에 주어질 수도 있고 아닐 수도 있다는 것을 인정하면서 말이다. 자녀를 바란다고 해서 자녀 계획을 세우지 않는 것은 아니다. 그러나 인간의 계획이라는 것은 현실이 다르게 드러나면 바로 무너지는 것으로 악명이 높다. 자녀에 대한 갈망을 소망이라는 틀에 넣어 보자. 지금이든 나중이든 자녀들을 갖는 소망, 더 많은 자녀 혹은 더 적은 자녀들을 갖고 싶은 소망, 아프거나 장애가 있는 아이보다는 건강한 자녀들을 갖는 소망 등이 있다. 그렇게 하면 실제로 자녀들이 우리에게 올 때 우리가 감사하고 겸손한 마음으로 자녀들을 받아들이는 데 도움이 될 것이다.

또한 그리스도인 남편과 아내가 자녀들을 받아들이는 성관계를 통해 서로에게 자신을 내어 주는 것은 하나님 자신의 독창적인 사랑과 닮은 사랑을 보여주는 것이다. 피임은 한쪽 배우자의 생식능력을 억제할 것을 요구하지만, 피임하지 않는 성관계는 각 배우자가 상대방에게 자신을 온전히 줄 수 있게 해주며, 새 생명이 창조됨으로써 자신을 내어준 그 선물이 활짝 꽃을 피울 수 있게 해준다.

모든 부부가 자녀를 바란다고 해서 자녀가 생기는 것은 아니다. 때로는 부부의 사랑이 다른 식으로 열매를 맺기도 한다. 그리고 그리스도는 결혼했든 안 했든 모든 그리스도인이 혈육과 친족을 넘어 사람들을 대접해야 하는 것으로, 가족의 정의를 다시 내리신다. 어떤 사람들에게는 이것이 입양이나 위탁 부모를 의미할 수도 있다. 또 어떤 이들에게는 다른 식으로 성인들이나 어린아이들을 환대하고 섬기는 것을 의미할 수 있다. 그러나 부부간의 사랑은 창조적이어야 하며, 부부간의 모든 행위가 그렇지는 않더라도 전체적으로 결혼생활을 해나가는 과정에서 자녀들을 열린 마음으로 받아들이는 것은 그 창조성이 뿌리를 내리고, 꽃을 피우고, 열매를 맺을 수 있는 가장 중요한 길이다.

아이를 키우는 것은 '대접'하는 것이다

모든 가정은 다르다. 모든 아이는 다르다. 첫 아이에게 맞는 낮잠 시간이나 수유 시간이 둘째 아이나 셋째 아이 때는 다를 것이다. 학교나 스포츠나 용돈에 대한 결정들은 가정마다 다를 것이다. 이런 것들과 관련하여 자신이 선호하는 것들에 대해 미리 생각해놓는 것도 좋을 수 있지만, 많은 구체적인 결정은 나중에, 아이들이 생기고 당신이 그 아이들을 알아가면서, 가족이 함께 필요로 하고 원하는 것이 무엇인지 파악해 가면서 해야 할 것이다.

또 한편으로는, 자녀들과 자녀 양육에 대해 미리 진지하게 생각해 두는 것이 좋은 부분들도 있다. 그중 가장 중요한 것은 당신이 결혼하면 언제든 아이가 생길 수 있다는 단순한 사실이다. 오늘날 대부분의 젊은 부부가 자녀 계획을 미루려 하거나 미뤄야 한다고 생각하기 때문에, 또 한 자녀의 출생이 그들의 관계에 어떤 의미를 줄지에 대해 자세히 생각해 보는 것까지도 미루려는 유혹이 강하게 다가오는 것이다. 어쨌든 5년, 또 몇 년이 됐든 간에 매우 긴 시간처럼 느껴진다. 그런데 왜 지금 그렇게 먼 일을 생각해야 하는 것인가?

  그것에 대해 이야기해 보는 것이 좋겠다. 당신이 아직 결혼하지 않았다면, 잠재적 배우자와 만약 "예정보다 일찍" 임신을 한다면 어떻게 할지 이야기를 나눠보라. 그러면 서로 결혼하는 것이 현명한 것인지 판단하는 데 도움이 될 것이다. 이런 이야기를 나눌 때 무슨 일이 벌어지는가? 당신은 힘들더라도 이 아이를 낳고 함께 부모의 여정을 시작하기로 합의할 수 있겠는가? 아니면 임신이라는 주제를 꺼내면 필히 논쟁이나 불편한 침묵, 또는 임박한 종말의 느낌으로 이어질 것 같은가? 계획하지 않은 임신에 대한 대화를 나눈 후, 당신의 관계가 건강하고 든든하다는 확신이 더해졌는가, 아니면 더 줄어들었는가?

  임신의 가능성에 대해 미리 이야기해 보는 것은 또한 계획대로 되든 안 되든 간에 실제 임신 소식이 들려올 때 두 사람이 한 팀으로서 긍정적으로 대응하도록 도와줄 수 있다. 흔히 자녀가 생기면 부부 생활의 만족도가 달라진다는 이야기를 하는데, 그것은 부모가 똑같이 자녀들을 기쁘게 맞이하는지와 밀접한 연관이 있는 것으로 드러났다. 부모가 임신 여부와 시기에 대해 생각이 다르거나, 둘 중 한 사람이나 두 사람 모두 부모가 되는 것에 대해 양면적인 감정을 가지고 있을 경우, 자녀가 태어난 후 부부생활의 만족도가 떨어지는 경향이 있다. 하지만 부모가 같이 임신 계획에 동참하거나 계획되지 않은 임신이라도 한 마음으로 기쁘게 받아들인다면, 자녀의 출생 이후 부부생활의 만족도는 똑같

이 유지되거나 아니면 더 좋아지는 경향이 있다.[14]

물론 아이를 환영하기 위해 같이 노력해야 하는 주된 이유는 당신을 위한 것이 아니라 그 자녀를 위한 것이다. 아이들은 자활할 능력이 없다. 종종 모르는 사람들의 친절에 의지하여 먹을 것과 쉴 곳을 구했던 옛날 나그네들과 같이, 아이들은 세상에 태어날 때 벌거벗고 굶주리고 누군가에게 보살핌을 받아야만 살 수 있다. 부모가 먹여주고 입혀주고 보살펴주어야 하는 것이다. 다시 말해서 그 아이들은 부모가 베푸는 대접에 의존해 살아야 한다.

대접은 그것을 제공하는 사람이나 받는 사람이 완벽할 것을 요구하지 않는다. 그러나 우리는 때때로 부모와 자녀들에 관해서도 그렇게 믿는 경향이 있다. 좋은 부모는 완벽한 부모라고 생각한다. 좋은 부모는 모든 답을 알고 있고 절대 실수를 하지 않는다. 그들은 끝없이 인내하고, 끝없이 보살펴주고, 끝없이 사랑해준다. 그리고 좋은 자녀 역시 완벽한 자녀이다. 그들은 아름답고 건강하고 총명하며 순종적이다. 부모가 주려고 준비해둔 것보다 더 많은 것을 요구하지 않으며, 그들 덕분에 그 가족 전체가 늘 긍정적 평가를 받는다.

물론 이러한 것들은 다 환상이다. 우리는 실생활이 이와 같지 않다는 걸 모두 알고 있다. 하지만 우리 사회의 강력한 기류는 우리에게 그렇게 되어야 한다고 믿도록 부추긴다.

"저는 엄마가 되기에 부족한 것 같아요. 5년이 지난 뒤에도 과연 준비가 되어 있을지 모르겠어요. 그보다 일찍 아이를 갖게 된다면 전 아마 만신창이가 될 거예요! 그렇지만 '대접'은 새로운 아기를 환영해주기 위해 내가 할 수 있는 최선을 다하는 것이고 꼭 완벽하지 않아도 된다고 생각하니 마음이 놓입니다."

완벽해야 한다는 압박감이 없어도, 우리 대부분은 아이들에게 우리가 할 수 있는 최선을 다할 수 있기를 바란다. 우리는 모두 어린 시절을 거치며 자라 왔고, 우리 자신 안에 우리가 받은 양육의 흔적들을 지니고 있다. 부모님이 우리에게 잘해준 부분은 우리도 우리 자녀들에게 똑같이 잘해주고 싶다. 그래서 그 자녀들도 우리처럼 잘 자라주길 바란다. 또 우리 부모님이 부족했던 부분에 대해서는, 우리가 부모님보다 더 잘해서 우리 자녀들은 우리처럼 고생할 필요가 없게 해주고 싶다.

좋은 부모, 또는 특별히 잘해주었던 부모를 두었다고 해서 당신 자신도 좋은 부모가 될 거라는 법은 없다. 하지만 우리가 자녀 양육에 대해 알고 있는 많은 것은 바로 우리 부모에게서 배운 것이며, 나쁜 본을 거부하는 것보다 좋은 본을 따르는 것이 더 쉽다. 다른 한편으로, 나쁜 부모나 중요한 부분에서 실패한 부모를 두었다고 해서 당신이 불행해지는 것은 아니다. 그것은 단지 당신이 특히 더 신경 써서 부모님의 본보기를 돌아보아야 하며, 어떻게 하면 더 나은 부모가 될지에 대해 특히 더 창의적으로 생각해야 한다는 뜻이다.

부모가 되기 위한 좋은 기반을 지금부터 마련하기 시작해도 결코 이르지 않다. 아이들의 필요, 즉 안전과 돌봄, 친밀감, 사랑에 대한 필요는 근본적으로 더 나이 많은 사람의 필요와 다르지 않다. 다만 그것을 훨씬 더 많이 필요로 할 뿐이다. 그러므로 당신에게 자녀가 없더라도, 좋은 부모가 될 만한 사람이 되기 위해 노력하는 것은 당신이나 당신의 배우자에게 해가 되지 않을 것이다.

특히 부모로서 적절치 않은 나쁜 습관들 같은 것들은 지금부터 제거해도 결코 이르지 않다. 소리 지르지 않기, 폭력 쓰지 않기, 과음하지 않기 등은 좋은 출발점이다. 폭력과 알코올 남용은 종종 세대 간의 저주로 나타나기도 한다. 이런 것은 흔히 부모들로부터 자녀들에게 대물림되기 때문이다. 하지만 악순환을 깨는 것도 가능하다.

우리 삼촌은 무엇보다도 자기 아버지나 의붓아버지처럼 될까 두려웠다고 한다. 그는 자신이 자라왔던 집 같은 환경을 자기 자식들이 경험하는 걸 절대로 원치 않았다. 그래서 그것을 예방하기 위해 자기가 할 수 있는 모든 일을 다 했다. 술을 끊었다. 절대로 소리를 지르지 않는다. 문제가 있으면 딸들과 함께 대화로 풀어갈 수 있다고 믿는다. 실제로 그가 하는 것마다 효과가 있었다. 그의 딸들은 둘 다 내가 지금껏 보아온 아이 중에 가장 예의 바르고 사랑스러운 아이들이다. 그 아이들에 대한 삼촌의 사랑에는, 다른 가정에서 볼 수 없는 성숙함이 있다.

어머니, 아버지 모두의 역할

아이들은 또한 부부간에 서로 온전히 지지해주고 포용해주는 부모를 필요로 한다. 아이들에겐 부모 양쪽과의 실질적인 관계가 필요한데, 어머니와 아버지가 서로 존중하고 인정해줄 때 이런 관계를 갖게 될 가능성이 훨씬 더 높다. 그러므로 아버지와 어머니로서의 역할을 감당하려면, 가정에서 부부가 다 자녀 양육에 적극적으로 참여할 수 있도록 하고 서로의 장점을 인정해주어야 한다.

이것은 저절로 되는 것이 아니다. 어머니와 아버지는 각기 자녀와의 관계가 다르다. 가장 분명한 사실은 아이를 낳고 대부분의 경우에 어린 아기를 돌볼 수 있는 사람은 어머니라는 것이다. 이렇게 해서 어머니와 아이 사이에 형성된 깊고 친밀한 육체적 유대감이 아버지들에게 위협이 될 수 있다. 새롭게 확장된 이 가정에서 아버지의 역할이 무엇인지는, 그들 자신에게나 아내들에게도 항상 명확하지가 않다. 그래서 때로 아버지들은 뒤로 물러서서 자녀 양육을 엄마에게 맡기곤 한다.

때로는 어머니들이 이것을 부추긴다. 자신이 어머니가 되기 전부터 이런 계획을 세워 놓는 경우도 종종 있다. 우리는 여성들로부터, 먼 훗날 자신이 어머니가 되면 자녀 양육에 관한 결정을 할 때 배우자보다 더 할 말이 많을 거라는 얘기를 가끔 듣는다. 어쨌든 자신이 그 아이를 낳았으니 말이다.

이런 사람에게 우리가 해줄 수 있는 말은 하나다. 제발 그러지 말라는 것이다! 남편과 아버지가 자신의 가정에서 외부인이 되어서는 안 되며, 열등한 부모로 격하되어서도 안 된다. 어머니들은 홀로 영광스러운 육아의 왕좌에 앉으려 하거나, 다른 사람이 그런 자리를 권하더라도 넘어가지 말아야 한다. 아이를 기르는 것은 중요한 일이다. 너무도 크고 중요한 일이라, 부모가 그에 따르는 어려움과 기쁨을 다 함께 나누어야 한다. 당신의 자녀들에겐 부모 모두가 다 필요하다. 자녀들을 양육함에 있어 부부가 서로 존중하며 동등하게 협력할 때 자녀들은 훨씬 더 행복해질 것이다.

당신도 더 행복해질 것이다. 개인주의적이고 전문화된 사회는 우리에게 중요한 일일수록 혼자서 하거나 아니면 전문가에게 맡기는 것이 더 중요하다고 말한다. 자녀 양육에 관한 한, 자기 혼자 다 알아서 하고 싶다고 생각하는 사람은 주로 어머니이며, 그 일을 전문가(즉 어머니)에게 맡기려 하는 사람은 아버지일 때가 많다. 그러나 사실은 중요한 일일수록 같이하는 것이 더 중요하다. 함께하는 일이 가장 신 나고, 함께 이뤄내는 성취가 가장 보람 있는 법이다. 자녀 양육은 많은 결혼생활의 핵심 프로젝트이다. 그것이 공동의 일이 되게 하자.

아이를 대접하는 것은 그 아이를 낳는 데서 끝나지 않는다. 그것은 아이의 삶과 성장의 모든 단계를 통해 계속 새로워진다. 당신이 아기에게 익숙해지고 이제 자신이 뭘 하고 있는지 알 것 같다 싶으면, 갓난아기가 어느새 아장아장 걸어 다니는 아이가 되고 당신은 또다시 시작해야 한다. 그리고 이제 두 살짜리 아이를 이해할 수 있겠다 싶으면, 당신의 아이는 세 살이 되고 유치원에 간다. 그러면 이제 또 그 또래의 아이를 이해해야 한다. 아이는 유치원, 초등학교를 거쳐 십 대가 된다.

그러던 어느 날 당신의 아이는 사춘기에 접어들고, 마치 밤중에 누군가가 당신의 사랑스러운 강아지를 훔쳐가고 대신 기분 변화가 매우 심한 고양이를 두고 간 것 같다. 그 고양이는 쓰다듬어 주거나 놀아주는 걸 원치 않고 어떤 식으로든 인정해주는 것도 원치 않는다. 그러면 당신은 이 낯선 존재를 환영하는 것이 무엇을 뜻하는지를 새롭게 깨달아야만 한다. 그 냉담한 고양이 같은 단계를 지나고 나면, 한층 성숙해져서 더 이상 어린아이가 아니라 성인 자녀가 된 아들, 딸을 바라보며 기쁨과 도전이 찾아온다.

그 과정의 모든 시점에서 부모와 자녀는 '대접'이라는 복잡한 만남을 함께할 기회가 주어진다. 대접은 일방통행이 아니다. 즉 주인은 끊임없이 자기에게 풍부한 것을 대접하고 손님은 끊임없이 궁핍함 속에서 대접을 받기만 하는 것이 아니다. 대접은 하나님 나라의 일이며, 거기서는 나중 된 자가 먼저 되고 먼저 된 자가 나중 될 것이며, 주인이 갑자기 자신의 식탁에서 자신이 손님임을 깨닫고 상좌에는 그리스도께서 앉아 계시는 것을 알게 될 것이다.

> 내가 진실로 너희에게 이르노니 너희가 여기 내 형제 중에 지극히 작은 자 하나에게 한 것이 곧 내게 한 것이니라(마 25:40).

어린아이들을 대접하는 데는 희생이 따른다. 감정적, 육체적, 경제적으로 아이를 키우는 것은 굉장히 수고로운 일이다. 그러나 많은 부모의 경험상, 그것은 그들이 상상했던 것보다 훨씬 더 풍성한 보상이 따르는 일이다. 자녀들은 그리스도인의 삶이나 결혼생활을 약화시키거나 훼손하는 것이 아니라, 오히려 더 풍요롭게 해준다. 처음에는 우리 아이들이 어떤 존재가 될지, 또는 부모로서 우리가 어떤 사람이 될지 모른다. 그러나 나중에는 자녀들이 우리 가정에 들어오지 않았다면 우리의 삶이 어떻게 되었을지 상상할 수가 없다.

자녀 양육을 넘어서

대접은 자녀를 환영하는 것으로 시작되거나 끝나지 않는다. 우리의 모든 삶을 통해 다른 사람들을 환영하고 또 다른 사람들에게 환영받을 기회들이 있다. 이런 기회들 가운데 일부는 외인들보다 이미 우리 가정이나 친구들의 범주 안에 있는 사람들과 관련이 있을 것이다. 우리는 부부가 각자 자신의 가정을 세우고 자녀가 생기면 자기 자녀들만 돌보면 된다고 생각하는 문화 속에서 살고 있다. 그러나 대가족이나 공동체적 삶의 방식들은 여러 시대와 장소에 공통으로 있었고, 그것은 관련된 모든 이에게 유익을 주고 삶을 풍요롭게 해줄 수 있다.

젊은 부부들은 부모와 함께 살자는 제안을 받아들일 수 있다. 중년의 부부는 연세 드신 부모님께 그들의 집에서 같이 살자고 할 수 있다. 나이나 결혼 여부와 상관없이, 가족들이나 친구들이 같은 집에서 사는 것을 택할 수 있다. 경제적인 이유로, 또는 공동 육아를 도모하기 위해서, 아니면 단지 따로 사는 것보다 더 친밀하게 삶을 공유하는 것이 더 좋아서이다. 그렇게 결합한 가정들은 독립과 분리를 추구하는 문화적 이상과 반대된다. 하지만 하나님 나라의 공동체적 본질과는 전적으로 일치하는 것이다.

우리는 또한 매우 유동적인 문화 속에서 살고 있다. 언제나 자신이 집을 떠나 있거나 가족들이 멀리 살고 있는 사람들이 많이 있다. 대접하는 것은 우리 공동체에 새로 온 사람들, 단지 일시적으로 그곳에 머무는 사람들, 또는 근처에 가족이 없이 혼자 사는 사람들을 우리 가족으로 맞아들이는 것이다. 만약 넓은 집에 적은 식구가 살고 있다면, 다른 나라에서 온 사람이나 거주할 집과 보살핌이 필요한 사람에게 남는 침실을 내어줄 수 있을 것이다. 당신의 집이 이미 꽉 찼다면, 저녁 식사에 초대를 하거나 아프거나 혼자 사는 사람의 집에 음식을 가져다주는 형태로 대접할 수도 있다.

집에 아이들이 있을 때는 그 아이들의 친구들을 대접하는 것이 그리스도인의 가정생활의 중요한 부분이 된다. 모든 아이의 삶에는 부모와 더불어 다른 어른들이 필요하다. 또 가정환경 상 자기 가족 밖에서의 대접이 특히 더 필요한 아이들이 많이 있다. 폭력적이거나 무심한 가정에서 자라는 아이들은 실제로 다른 거처가 필요할지 모른다. 문제가 좀 덜 심각한 가정의 아이들은 그들이 더 좋은 삶에 대한 희망을 가질 이유가 있음을 말과 본보기로 보여줄 수 있는 어른들로부터 기쁘고 후한 환영을 받아야 한다. 다양한 삶의 환경에서 살고 있는 사람들은 자기 자녀 외에 다른 아이들의 삶 속에서 중요한 역할을 할 수 있고, 특히 비슷한 연령의 자녀를 둔 부모들이 그러한 필요들을 보고 충족시키기에 특히 더 좋은 위치에 있다고 할 수 있다.

이 모든 방법을 통해 그리스도인들은 하나님께 받은 환대에 응답해야 한다. 즉 그 환대를 세상에 더 확산시켜야 하는 것이다. 결혼하면 그 부부의 처지에 맞게 접대를 실천해야 한다. 남편과 아내 사이에 존재하는 친밀하고 독점적인 유대감은 열매를 맺도록 되어 있다. 그 열매는 그리스도께서 우리 집 문으로 이끄시는 아이들과 다른 사람들과의 관계를 기꺼이 받아들이는 가정과 삶의 형태로 나타난다. 우리가 이런 나그네들을 환영할 때 곧 그리스도를 대면하게 될 것이다.

여 행 경 비

07
가계, 경제적 파트너십 만들기

결혼의 경제학

사랑은 생활비를 벌어다주지 않는다. 빨래를 하거나 화장실 청소를 해주지도 않는다. 그러나 이 모든 일은 반드시 해야 하는 일들이다. 그렇지 않으면 아무리 태평하고 물질을 중시하지 않는 부부라도 자기 배우자와 자녀들을 부양하고 보살필 수 없으며 그들이 속한 더 큰 공동체에 기여할 수 없을 것이다. 물론 결혼생활의 중심은 사랑이다.

그러나 결혼생활은 또한 생산과 소비와 재정에 관한 것이다. 결혼은 경제학에 관한 것이다. '경제학'이라는 단어는 '가계 관리'를 뜻하는 헬라어 'oikonomia'와 관계가 있다. 시장 경제 속에서 가족을 부양하고 유지하려면 돈이 필요하며, 누군가는 그 돈을 벌어 와야 한다. 가정을 유지하는 데 필요한 또 한 가지는 가정을 꾸리는 데 들이는 시간과 수고이다. 즉 장을 보고, 또는 정원을 가꾸고, 음식을 만들고, 빨래를 하고, 집 안 청소를 하는 것이다. 그것 또한 누군가가 해야 한다. 또 가정에 아이들이 있으면 교육을 해야 한다. 그 역시 누군가 해야 할 일이다.

우리 문화는 이런 활동들 가운데 일부만 진정 생산적인 것으로 여기도록 권장한다. 즉 수당을 받는 일들만 생산적인 일로 간주하는 것이다. 돈을 버는 일은 가정의 중대한 생산 활동의 한 부분으로 간주한다. 돈을 받지 않는 집안일과 자녀를 돌보는 일은 그렇지 않다. 자녀 양육을 위해 "휴직"하는 사람은 일에 진지하지 않고 비생산적인 사람으로 보이기 쉽다. 당신이 돈을 벌고 있지 않으면 일하고 있지 않다고 보는 것이다.

그런데 성경과 기독교 전통은 다른 관점을 가지고 있다. 성경에서 하나님의 일은 종종 음식과 옷과 주거지를 제공해주는 것과 관련된 것으로 나타난다. 하나님은 에덴동산에서, 약속의 땅에서, 새 예루살렘에서 그의 백성들을 위해 집을 마련해주신다. 만나와 떡과 물고기와 성찬으로 그들을 먹이신다. 우리 최초의 조상들이 광야로 들어갔을 때 그들에게 가죽 옷을 지어 입히셨다. 이스라엘 백성들이 광야를 헤매는 동안 그들을 입혀 주셨고, 우리가 하나님 나라로 들어갈 때 의의 옷을 입혀 주신다.

이 모든 일이 하나님이 하시는 일이라면, 사람들이 그런 일들을 할 때에도 엄연히 일하는 것이다. 음식과 옷과 주거지를 직접 공급해주는 것은 돈을 버는 일만큼 생산적이고, 가정 경제나 더 넓은 공동체의 경제에 기여하는 것이다. 한 가족이 살아가려면 돈이 필요하지만, 가족들에겐 돌봄과 보살핌도 필요하다. 남편과 아내는 함께 이런 다양한 필요들을 서로와 자녀들에게 공급해줌으로써 파트너십을 형성할 기회를 얻게 된다. 생계를 꾸리고 가정을 이루는 것, 그리고 그 과정에서 들어오고 나가는 돈을 관리하는 것은 한 가정을 형성하고 부양하는 일의 상호보완적인 면들이다. 우리 문화는 헌신과 고착보다 독립과 유동성을 칭송한다. 그러나 헌신과 일상의 맥락 속에서 개인과 가정이 번성한다. 결혼생활을 구축하는 것은 어떤 안정된 틀을 형성하여, 그 안에서 배우자들이 그들의 의무를 다할 만큼 돈을 벌고 그 돈을 적절하게 관리하고, 서로 신뢰할 수 있는 가정생활을 위해 함께 최선을 다하고 있다고 믿는 것이다.

먹고 사는 일

일부 그리스도인들은 가족을 부양하는 것이 마땅히 남자의 일이고 가정과 자녀들을 돌보는 일은 여자의 일이라 생각한다. 예를 들면 훌륭한 그리스도인 남편은 혼자서 가족을 부양하거나 적어도 아내보다 돈을 많이 벌고, 훌륭한 그리스도인 아내는 자신의 적은 월급을 은행에 저축하며 아이들이 생겨서 직장을 그만두고 집에서 아이들을 돌봐야 할 때를 대비할 것이다.

사실 이런 개념은 하나님이 제정하신 영원한 제도가 아니라 산업화 과정에서 생겨난 것이다.[15] 19세기 중반을 지나며 농업과 수공업 경제에서 대부분의 남자와 여자는 집안과 집 주변에서 서로 연관된 다양한 일들을 함께했다. 남녀가 하는 일이 다르긴 했지만, 둘 다 임금을 받지 않고 가정의 행복에 직접 기여한다는 점에서 비슷했다. 예를 들면, 남자들은 나무를 베고 나르는 일을 했고 여자들은 불을 피우고 유지했다.

산업화는 많은 일을 집에서 공장으로 내보내고 가정 안에 머물던 일의 본질을 변화시켰다. 산업화 이후 남자들과 미혼 여성들은 "출근"을 했다. 즉 다른 곳에서 임금을 받고 일하기 위해 집을 떠난 것이다. 결혼한 여자들은 "집에 있었다." 집에는 어린 아기들과 다른 큰 아이들이 있었고, 그들은 무급으로 계속 집안일을 했다.

따라서 일하러 나가고 가족을 부양하는 것은 남자의 일이고, 집 안에 머물며 "일하지 않는" 것은 결혼한 여자의 일이라는 인식이 생겼다. 이 "분리된 영역의 원칙"은 어떤 측면에서는 여자들이 집에서 가정의 일을 돌봐주어 산업화한 시장 경제의 날카로운 부분을 부드럽게 해주는 것처럼 보였기 때문이다. 그러나 어떤 이들에게는 정말 화나고 숨 막히는 일이었다. 흥미로운 많은 직업과 돈과 지위가 오로지 남자들에게만 주어졌고 여자들, 특히 아내들을 끝없는 무보수 노동의 삶으로 밀어 넣었기 때문이다.

여성 해방 운동 이후로, 여전히 임금과 지위의 격차가 존재하긴 하지만 이제는 여성들에게 허용되지 않는 직업은 거의 없으며 여성의 사회 진출이 더 가속화되었다. 적어도 일부 남성 한 사람의 월급으로 가족을 부양할 수 있게 해주었던 공장의 일자리들이 거의 사라져 버렸고, 주거와 생활의 비용이 동시에 폭발적으로 증가함으로써 많은 가정이 아무리 절약하며 살아도 두 사람이 벌어야만 겨우 먹고 살 수 있게 되었다.

우리 사회의 많은 부분을 지배하는 세속적이고 시장 중심적 모델에서는 모든 성인이 급여를 받고 종일 일을 할 때 경제적인 행복을 가장 잘 누릴 수 있다고 생각한다. 그러나 이것이 미처 예측하지 못한 결과는 바로 아무도 가정에서 요리를 하거나 빨래를 하거나 집안 청소를 할 시간이 없다는 것이다. 성인들과 아이들 모두 똑같이 돌봄과 보살핌에 굶주려 있는데 말이다.[16]

남편과 아내가 둘 다 집 밖에서 만족스러운 일을 하며, 또한 가정에서 서로 보살피고 자녀들을 돌보는 일을 같이 하기 위해서는 파트너십을 형성해나가야 한다. 그러나 두 배우자 모두 만족스러운 직장생활을 하면서 돈과 양육에 대한 필요를 충족시키는 것은 저절로 되지 않는다. 부부가 의도적으로 융통성 있게 그것을 위해 노력해야 한다.

어쩌면 당신은 적어도 지금 당장은, 또는 결혼생활하는 내내 정확히 당신이 원하는 것을 갖지 못할지도 모른다. 당신이 필요로 하거나 원하는 것이 바뀔 수도 있기 때문에 더 그렇다. 대부분의 사람이 지금 직장을 옮기거나 평생 해왔던 직업을 바꾸는 이유는 그들이 원해서일 때도 있고 그래야만 하기 때문일 때도 있다. 결혼한 부부는 이런 상황에 대처할 준비가 되어 있어야 한다. 즉 상황에 따라 일에 대한 생각을 바꾸거나 일과 관련된 계획을 바꿀 준비가 되어 있어야 한다.

직업은 결혼 상대를 결정하는 데 있어 중요한 요인이 된다. 어떤 사람은 배우자가 아이들을 돌보며 집에 있을 수 있을 만큼 돈을 많이 벌어야 한다는 데 동의한다. 한 사람이나 두 사람 다 특히 흥미롭지 않은 분야에서 취업하기로 결정할 수도 있다. 그 경우 더욱 경제적으로 안정되어 보이기 때문이다. 그러다 입장은 수시로 바뀐다. 직장이나 급여가 그들의 기대에 미치지 못할 수도 있고 예기치 않게 아기가 생겨 학교나 일에 대한 계획에 지장이 생길 수도 있다. 한쪽 배우자가 일자리를 잃고 다른 일자리를 찾아야 할 수도 있다.

이와 같은 일들은 배신처럼 보일 수 있다. 즉 한 배우자가 결혼생활을 시작할 때 맺은 협정을 따르지 않은 것으로 보일 수도 있다. 이건 내가 계획했던 게 아니라고 생각할지도 모른다. 삶은 변화로 가득하다. 그중 많은 일은 우리가 요청하지 않았고, 어쩌면 변화가 오는 것을 보지 못할 수도 있다. 이러한 때는 부부에게 서로 대화하고, 들어주고, 서로의 상황과 바람들을 이해하려고 노력하며, 둘 다 받아들일 수 있는 대안이나 타협안들에 대해 계획을 세울 기회가 된다.

일과 관련된 모든 결정에는 타협이 따른다. 모든 사람에게 득만 있고 실은 없는 이상적인 합의는 존재하지 않는다. 당신의 직장생활에 관하여 어떤 선택을 할지 고민할 때 따르는 어려움과 비용과 편익을 과소평가하지 마라. 우리는 삶에 반드시 필요한 집, 교육, 건강 관리, 또 선택할 수 있는 더 좋은 것들이 더 비싼 세상에 살고 있다. 우리 사회의 대부분이 사람들에게 최대한 많이 벌어 많이 쓰라고 부추긴다.

이 같은 분위기에서 결과적으로 수입이 더 줄어드는 선택을 하기란 매우 힘든 일이다. 하지만 삶에는 돈을 벌기 위해 일하는 것보다 더 의미 있는 일들이 있다. 가정에서 해야 하는 무보수의 일이다. 당신의 배우자와 자녀들을 위해, 그리고 당신의 집에 오는 손님들을 위해 따뜻한 가정 분위기를 만드는 일이다. 특히 아버지들은 이것을 잊기 쉽다.

"우리 아버지가 인생에서 제일 중요하게 생각하시는 것은 가족이 빚지지 않고 살 만큼 돈을 버는 거예요. 아버지는 자녀들과의 관계나 우리의 인격 형성에는 전혀 관심이 없으셨어요. 그러고 보니 저는 아버지에 대해 아는 게 거의 없다는 걸 알았어요. 아버지는 늘 일찍 일어나고 제가 잠든 후에 집에 들어오는 사람이었어요."

이 청년을 포함한 많은 젊은이가 가족에게 충실한 경제적 지원을 해준 아버지에게 매우 감사하는 반면 항상 일만 했던 아버지와 의미 있는 관계를 갖지 못한 것을 안타까워하고 있다. 아이들에겐 엄마, 아빠와 함께하는 시간이 다 필요하다. 배우자도 서로 함께하는 시간이 필요하다. 돈 버는 일은 줄이고 가정일을 분담하기로 하는 것은 남편과 아내가 함께하는 최고의 투자가 될 수 있다. 이를 위해 다른 사람들보다 더 검소하게 살아야 할지도 모른다. 돈으로 모든 가치를 헤아리는 사회에서, 그것은 사소한 손실이 아니다. 하지만 그 대가로 당신은 훨씬 더 풍성하고 안정적인 가정생활을 얻을 것이다. 바로 당신이 시간을 내서 서로 돌아보았기 때문이다.

가계부 쓰기

우리 사회와 매우 다른 사회와 경제적 환경에서도 사람들은 언제나 돈과 돈이 부여하는 권력과 지위를 갈망해왔다. 돈을 우상으로 삼는 위험에 대해 경고를 받을 정도였다. 예수님이 말씀하시듯이, 우리는 "하나님과 재물을 겸하여 섬기지 못한다(마 6:24)."

어떤 그리스도인들은 예수님을 따르는 최선의 길은 돈을 아예 갖지 않는 것으로 결론을 내렸다. 성 프란체스코처럼 그들은 "사도적 청빈"의 삶을 살고자 했다. 머리 둘 곳 없었던 예수님과 전대나 배낭이나 신발도 없이 곧 임할 하나님 나라를 전파하러 나갔던 예수님의 제자들을 본받고자 했던 것이다(눅 9:58; 10:4). 사도적 청빈은 그리스도인들 사이에서 격렬한 논쟁의 주제가 되어 왔다. 그것이 그리스도인 개개인과 교회의 부에 대해 제기하는 불편한 문제들 때문이다. 예수님은 부자가 천국에 들어가는 것보다 낙타가 바늘귀를 통과기가 더 쉽다고 말씀하시지 않으셨던가(막 10:25)? 이것은 사도적 청빈을 주장하는 자들이 일리가 있고, "부"가 구원의 장애물이 된다는 뜻 아닌가?

구원과 부가 서로 양립될 수 있다고 주장하고 싶은 열망이 이 본문과 그 밖에 성경에서 돈과 가난과 물질적인 복에 대해 말하는 다른 구절들을 창의적으로 해석하게 했다.[17] 이러한 해석들의 가치와 상관없이, 실제로 대부분 그리스도인은 돈을 멀리하겠다고 맹세하지 않았다. 그리스도인 대부분은 그들의 시대와 장소에서 우세했던 경제 체제 속에서 살아왔고, 성공의 정도는 다 다르지만 그들에게 주어진 경제적 제약과 기회들 속에서 성실하게 살려고 노력해왔다.

어떤 사람들에게 이것은 부의 의미와의 싸움을 의미했다. 또 다른 사람들에게 그것은 남들보다 적은 돈으로, 때로는 많이 적은 돈으로 살아가는 것을 의미했다. 모든 사람에게, 그것은 돈을 어떻게 관리할지에 대해 여러 가지 결정을 내리는 것을 의미한다.

돈을 어떻게 벌지, 어떻게 쓸지, 얼마를 저축할지, 얼마를 나눠줄지,

돈을 빌릴 것인지 말 것인지, 빚을 어떻게 갚을지 등에 관한 결정이다. 또 우리 자신이 속한 가정과 더 큰 공동체의 맥락 속에서 이 모든 결정을 내려야만 한다. 돈과 돈의 관리는 결코 자신만의 문제가 아니다.

현명한 그리스도인의 금전 관리는 사실 굉장히 신중을 요한다. 거기에는 옳고 그름의 문제가 아니라 판단의 문제다. 당신은 돈이 어떻게 움직이는지에 관해 기본 지식이 있어야 하며 당신 자신의 재정 상태를 자세히 알고 있어야 한다. 수입, 지출, 자산, 부채에 대해서 말이다.[18]

그뿐 아니라, 당신은 배우자 또는 미래의 배우자와 함께 돈에 대해 적절한 결정을 내리고, 매일매일 그 결정들에 따라 저축과 소비와 기부를 해나갈 수 있도록 함께 노력해야 한다. 이런 일들을 잘하는 것은 종종 돈 자체보다는 관계적 습관들과 더 관련이 있다. 이를테면 정직, 배려, 서로의 장점과 경험과 개인적인 방식을 인정해주고 협력하려는 자세 등이다.

돈은 종종 일종의 돋보기 역할을 하며, 관계 안에 존재하는 역학 관계나 성향들을 더 확대해서 보여준다. 다른 때는 무시해도 될 정도로 사소하게 보이는 관계의 부정적인 패턴들이 돈 문제와 관련되면 매우 강력하고 심지어 압도적인 것이 될 수 있다. 다른 한편으로, 금전 관리와 관련해서 관계의 문제들이 수면 위로 떠오를 때 당신이 그것을 기회 삼아 계획적이고 건설적으로 문제를 잘 다루면, 당신의 재정적 상태뿐만 아니라 그 이상의 유익을 얻을 수 있다. 점점 더 서로를 신뢰하고 한 팀으로 협력하는 법을 배워 가기 때문이다.

꽤 많은 관계에서, 한 사람은 좀 더 부유한 환경에서 자랐고 한 사람은 좀 더 가난한 환경에서 자랐거나, 한 사람은 돈을 좀 잘 쓰는 편이고 다른 한 사람은 저축을 더 많이 하거나, 한 사람은 걱정이 많고 다른 한 사람은 걱정이 별로 없거나, 한 사람은 미리 계획을 세우고 그대로 따라가는 걸 좋아하고 다른 한 사람은 자유로운 사고방식을 가지고 전체적인 상황을 바라보는 것을 선호한다. 서로 다른 점들을 확인하고, 그것을 상호 보완적인 장점들로 여기고 의지할 방법들을 찾아가려면 시간이 좀 걸릴 수 있다.

돈에 대해 침묵하지 마라. 돈은 비밀이 아니다. 돈을 비밀처럼 다루는 것은 돈에게 잘못된 힘을 주는 것이다. 침묵은 돈에 신비로운 가치를 부여하며, 동시에 그것을 실제보다 더 위협적인 존재로 보이게 만든다. 말할 수 없는 경외감은 하나님 앞에서는 적절한 것이나, 돈 앞에서는 그럴 필요가 없다.

그러므로 돈에 관해 이야기하라. 어쩌면 당신은 풍족하게 자랐고, 한정된 예산으로 신혼살림을 어떻게 할지 걱정하고 있을지도 모른다. 혹은 저소득층으로 정부 지원을 받으며 자랐고, 어른이 되어서도 그와 같이 경제적으로 불안정한 생활을 하게 될까 걱정이 될지도 모른다.

당신의 현재 재정 상태에 대해 이야기하라. 부채나 저축이 어느 정도 되는지, 수입과 지출의 패턴이 어떠한지를 말이다. 어쩌면 당신은 자신의 현 상태에 대해 자신이 있을 수도 있고, 좀 두렵거나 당혹스럽거나 확신이 없을 수도 있다. 자세한 상황이 어떻든 간에, 중요한 것은 그것을 서로 나누고 함께 해결해나갈 수 있도록 하는 것이다.

돈 뒤에 숨지 마라. 돈은 당신이 다른 일들에 관해 싸울 때 쓰는 마스

크가 아니다. 또는 그런 용도의 마스크로 사용해선 안 된다. 거의 모든 일은 돈에 관한 싸움으로 번질 수 있다. 누구의 집안이 더 좋은지, 가정에서 누구의 공헌이 더 중요한지, 누가 더 사려 깊고, 더 자상하고, 더 느긋하고, 더 책임감 있고, 더 중요하고, 더 도덕적인지 등등. 경제적인 문제를 다른 문제들과 구분하고 그것을 따로 직접적으로 다룰 수 있으면, 결국 돈을 관리하는 것이 훨씬 더 쉬워질 것이다.

돈을 무기로 사용해서도 안 된다. 우리 사회에서는 돈과 지위와 권력이 함께 움직인다. 따라서 자신의 지위를 굳히거나 높이는 수단으로, 또는 다른 사람들에게 권력을 행사하는 수단으로 돈을 사용하려는 유혹이 항상 존재한다.

때로는 비밀을 유지함으로써 이것을 시도하기도 한다. 예를 들면 남편이 월급을 현금으로 가져와서 아내에게 일정액을 주는 경우, 아내는 남편이 얼마를 버는지, 또는 남편이 얼마를 가졌는지 알 길이 없다. 또 아내는 쇼핑하고 나서 산 물건들을 집안으로 몰래 가지고 들어온다. 그녀가 물건을 얼마나 샀는지 남편이 모르기를 바라면서 말이다. 때때로 사람들은 위협을 가하며 힘을 행사하려 한다. 그리고 때로는 아주 간단하게 장악을 해버린다. 이를테면 한 배우자가 다른 배우자와 상의하지 않고 중요한 경제적 결정이나 소비를 하는 것이다. 집, 차를 구입하거나 대출이나 투자를 결정하는 경우 등이 있다.

협박과 비밀과 일방적인 행동들은 관계 속에서 힘의 균형에 영향을 미친다는 의미에서 효력이 있을 수 있다. 그러나 그런 것들은 신뢰와 상호 관계, 또는 공동의 책임을 파괴해버린다. 공공연하게, 혹은 은밀하게 권력을 장악하려는 유혹이 생길 수 있다. 그러나 그것은 본질적으로 관계에 대한 확신이 없음을 보여주는 것이다. 당신의 결혼생활이 단지 생존이 아니라 형통하기를 원한다면, 관계의 다른 부분들처럼, 또는 그보다 더, 경제적 문제에서 서로 마음을 열고 협력해나가는 조금 더 어려운 길을 택해야만 한다.

그리고 마지막으로, 돈을 가지고 장난하지 마라. 돈은 장난감이 아니다. 돈은 도구이며, 도구를 사용하는 즐거움은 그것을 능숙하고 적절하게 사용함으로써 온다. 따라서 당신이 도박판에서 돈을 낭비하든, 투기성 투자를 하든, 옷이나 비디오 게임을 사든 간에, 돈을 쓰기 전에 심호흡을 한 번 하고 그렇게 쓸 돈이 예산에 있는지 생각해 보기 바란다. 물론 그러려면 먼저 예산을 세워야 한다. 당신에게 돈이 얼마나 있는지 알고, 저축과 나눔과 생활비로 쓸 돈을 따로 떼 놓았으며, 당신이 마음대로 쓸 수 있는 돈이 남아 있는지 알아야만 한다. 그럴 돈이 있다면 얼마든지 써도 좋다. 당신에게 기쁨을 줄 것으로 믿는 일들에 돈을 쓰는 것은 좋은 일이다. 돈이 도구라고 해서 꼭 재미없고 실용적인 데만 돈을 써야 한다는 뜻은 아니다. 그것은 당신이 갖고 있지 않은 돈이 아니라 가진 돈으로 "즐거운" 소비를 해야 한다는 뜻이다.

돈 관리는 단지 꼭 해야 하는 일, 도전적인 일만이 아니다. 돈 관리는 실제 세상에서 살아가며, 진리를 말하고, 당신이 처한 상황의 한계와 가능성을 인정하고, 당신의 우선순위를 정하고, 다른 사람들을 배려하며, 당신이 가진 것을 배우자와 자녀들과 가족과 친구들과 나누고, 가치 있는 목적을 가진 더 큰 공동체와 궁핍한 지인들과 낯선 사람들과 함께 나눌 기회이다.

돈 관리는 하나의 비유 같은 것이다. 그것은 당신이 당신 자신을, 배우자를, 결혼생활을, 하나님의 세상과 하나님 자신을 어떻게 바라보는지를 보여주는 축소판이다. 사람들은 너무 쉽게 돈이 궁극적인 안전을 가져다주는 원천이라고 단정 짓는다. 돈은 좋은 용도로 사용될 수 있고, 돈이 부족함으로 인해 온갖 끔찍한 일들이 벌어질 수도 있다.

그러나 결론적으로, 돈은 당신을 안전하게 지켜줄 수 없다. 오직 하나님만이 당신을 지켜 주실 수 있으며, 인간으로서 우리가 할 일, 그리고 결혼했다면 남편과 아내로서 우리가 할 일은 서로 신의를 지키고 우리가 가진 것으로 최선을 다하는 것이다.

집안 살림하기

다음은 어느 젊은 여자의 이야기이다.

> 어느 날 저녁 수업을 마치고 매우 지치고 허기진 몸으로 집에 돌아갔다. 그리고 내가 먹을 저녁 식사를 준비하기 시작했다. 그때 남자 친구가 왔다. 그는 전자레인지용 즉석 음식을 가지고 왔다. 그에게 인사를 한 후, 나는 부엌으로 돌아와 식사 준비를 계속 했다. 그 친구가 날 따라왔다. 그러더니 늘 내게 뭔가를 바랄 때 나오는 목소리로 이렇게 말했다.
> "자기야, 날 위해 이것 좀 만들어 줄래?"

"왜 네가 하면 안 되는데?"

내가 대답했다. 그랬더니 그 친구의 말은 이랬다.

"네가 해주길 바라니까."

순간, 결혼 후에 등에 아기를 업은 채 무릎 꿇고 걸레로 바닥을 닦는 내 모습이 머릿속에 그려졌다. 그는 오늘 내가 힘든 하루를 보냈고 그 날 먹을 첫 끼를 만드는 중이라는 걸 알고 있었다. 그런데도 내가 자신에게 그 바보 같은 즉석 음식을 해주길 기대했던 걸까?

왜 집안일이 그렇게 감정적이고 관계적인 지뢰밭이 되는 걸까? 한편으로 그 이유는 사람들이 집안일에 대해 갖는 기대와 관련이 있다. 일반적인 기대는 여자들이 집안일을 하고 남자들은 하지 않는 것이다. 교회에서 묘사되는 전통적인 그리스도인 아내의 모습은 항상 요리를 하고, 아이들을 돌보고, 빨래를 하고, 집 안 청소를 하는 사랑 많은 어머니였다. 또 갓 결혼한 새댁은 이렇게 말했다.

"남편은 온종일 직장에서 '돈을 벌고' 집에 오면 아내가 차려 놓은 멋진 저녁을 먹고 소파에서 편안한 저녁을 보내지요. 남편은 의자에 앉아 휴식을 취하고 나는 바쁘게 그의 시중을 드는 모습을 상상했어요. 이것이 좋은 아내에 대한 저의 환상이었어요."

무엇이 잘못되었는가? 우선 이 환상은 남자들과 여자들에게 매우 다른 결과를 가져다준다. 남편만 일하러 나갈 경우, 그는 직장에 있을 땐 일하고 집에 있을 땐 쉴 수 있다. 그런데 아내의 경우엔 직장이 곧 집이다. 그리고 그녀는 늘 집에 있기 때문에 항상 일하고 있는 것이다.

그러면 그녀는 언제 쉬는가? 하나님도 쉬시는데 말이다. 아내들도 똑같이 쉴 수 있어야 하는 것 아닌가? 또 남편과 아내가 둘 다 일하러 나갈 경우, 남편은 퇴근하고 쉬러 집에 오지만 아내는 퇴근하고 더 많은 일을 해야만 한다.

다시 말하지만, 그러면 그녀는 언제 쉬는가? 그녀는 언제 "집"으로, 그녀를 위해 준비된 공간으로, 다른 사람들을 위해 쉴 새 없이 일하는 대신 누군가가 그녀를 보살펴주고 챙겨 주는 곳으로 돌아가는가?

실제로 어떤 가정은 이렇지 않다. 집안일을 진실한 사랑의 표현으로 이해하고 행하는 가정이 있다. 집안일하는 사람들은 적어도 가끔은 그 일 자체를 즐긴다. 더러운 빨래 더미가 깨끗하게 개어 놓은 옷 바구니로 바뀌고, 지저분했던 집이 깔끔하게 정돈된 집으로 바뀌고, 맛 좋고 영양가 높은 음식을 만들고, 평일 저녁에 멋진 식탁을 차리고 휴일에는 반짝반짝 빛나는 식탁을 차려내는 데서 기쁨을 발견하는 것이다. 그리고 집안일로부터 유익을 얻는 사람들은 그것에 감사하며 자신도 그 일에 참여할 방법을 찾는다. 그들은 집에 오는 것과 집에 있는 것이 즐겁다. 어떤 일이 되어 있고 어떤 일을 해야 하는지 알아채고, 기꺼이 가사의 리듬으로 들어가 일하는 법을 배운다.

무엇이 그런 차이를 만들어내는 걸까? 부부가 혹사당하는 아내와 집안일을 기피하는 남편에 대한 고정관념을 가지고 불행한 삶을 살지 않고, 가사 일을 기반으로 부부가 함께 행복한 일상을 누리기 위해 할 수 있는 일은 무엇이 있을까? 성별에 따라 가정과 가사 일에 대한 교육을 다르게 받아 왔다는 것을 정직하게 인정하는 것이 출발점이 될 수 있다. 남자와 여자는 이런 일들에 관하여 매우 다르게 사회화된다. 남자들은 일반적으로 가정에 의해서든 교회나 전반적인 문화에 의해서든, 단순히 집안일은 "내 일이 아니"라고 생각하도록 사회화된다. 한 남자는 말하기를 "당신이 '집안의 일들은 누가 보살핍니까?'라고 물을 때 생각나는 대답은 '나는 아닙니다.'라는 것뿐이었다."라고 했다.

이 젊은 남성이 자란 가정에서는 부모님이 둘 다 집안일을 하셨고 아이들에게 거들게 했다. 그런데 그는 성인이 된 지금도 자기 일은 지시를 받는 것이고 책임지는 것은 다른 이의 일이라 생각을 하고 있었다.

> 나는 나의 가정을 어떤 모습으로 만들고 싶은지 깊이 생각해본 적이 없다. 대학교 1학년 때 처음 기숙사에 들어갔을 때는 내 물건을 방 여기저기에 대충 놔두었다. 2학년 때 아파트로 들어갔을 때도 똑같았다. 나의 주거 공간은 사전 계획 없이 그냥 되는 대로 사는 곳이었다. 나는 계속 그렇게 살기로 계획해왔던 것 같다. 결혼하고 나서는 항상 아내가 그 모든 일을 알아서 할 것으로 생각했다.

우리는 여자들이 이런 비슷한 말을 하는 것은 들어본 적이 없다. 여자들은 자신의 집에 대해 생각하고, 관심을 두고, 집안일이 자기 책임이라고 믿으며, 집안 살림이 여자이자 아내로서 자신의 가치를 직접 반영하는 것으로 믿도록 사회화된다. 이런 것들을 믿지 않는 여자들도 종종 자신이 그 일들을 해야 한다는 생각에 일종의 죄책감을 느낀다.

그 결과 좋든 나쁘든, 집안일은 많은 여성의 삶 속에 막대한 감정적

부담을 안기고 있다. 때로 그들은 자신의 어머니가 하던 대로 가정을 돌보기 원한다. 때로는 어머니가 해주길 바랐던 대로 가정을 돌보기 원한다. 또한 그들은 매우 자주 집안 살림에 대한 자신의 의견을 최종 결정으로 여기고, 다른 누가 정말로 그 일을 제대로 할 수 있을지 의심하는 경향이 있다. 적어도 많은 설명과 감독이 필요할 것으로 생각한다.

집과 가정에 대한 이런 불균형한 기대들 때문에 많은 부부가 가사 일의 분담을 어렵게 느끼는 것이다. 남자는 해야 할 일들에 신경을 쓰거나 관심을 두지 않도록 훈련받아 왔고, 여자는 그 일이 자신의 일이고 오직 자신만이 그 일을 제대로 할 수 있다고 믿도록 훈련받아 왔다면, 그녀는 그 일을 놓으려 하지 않을 것이고 그는 그 일을 떠맡으려 하지 않을 것이다. 하지만 둘 다 그 일 자체와 일에 대한 통제와 책임을 공유하기 위해 노력해야 할 타당한 이유가 있다.

한 가지 이유는 다른 일을 병행하고 있는 한 배우자가 혼자 집안일을 전담하기에는 너무 버거운 일이라는 것이다. 그 일이 아이를 돌보는 일이든, 밖에서 돈을 버는 일이든 간에 말이다. 또 다른 이유는 많은 부부가 실제적이고 육체적인 일을 함께할 유일한 기회를 제공해주는 것이 바로 집안일이기 때문이다.

대부분의 남편과 아내는 각자의 일을 하며 하루를 보낸다. 저녁과 주말이 유일하게 함께 보내는 시간이다. 그 시간을 여가로 함께 보내는 것도 중요할 수 있다. 하지만 그 시간의 일부를 함께 일하며 보내는 것도 그만큼 중요하다. 이것은 부부가 함께 어떤 일을 수행하고, 가정을 만들어가고, 정돈되고 아름답고 서로 섬기는 분위기를 조성하고, 든든한 일상을 만들어갈 기회이다. 시간이 지날수록 그 든든한 일상이 함께하는 삶의 본질이 될 것이다.

집안일을 함께하는 부부가 각양각색이듯이, 그 일을 함께하는 방법도 여러 가지가 있다. 당신에게 맞는 방법이 무엇인지 고민해야 한다. 두 사람 다 백지장도 맞들면 낫다고 믿는 타입이라면, 모든 허드렛일, 또는 많은 일을 함께하는 쪽을 택할 것이다. 당신이 독립적으로 일하는 것을 더 좋아한다면, 아마 허드렛일들을 분배하려 할 것이다.

어떤 일을 누가 할 줄 아느냐에 따라 일을 분배할 수도 있다. 어쩌면 둘 중 한 사람은 요리에 경험이 많고, 다른 한 사람은 청소를 더 많이 해봤을 수 있다. 어쩌면 좋아하는 일이 서로 다를 것이다. 한 사람은 설거지하는 걸 좋아하고, 다른 한 사람은 빨래하는 걸 좋아한다. 둘 중 한 사람이 퇴근 시간이 더 빠른 경우도 있다. 그럴 경우 먼저 오는 사람이 저녁 식사를 만들거나 최소한 요리 준비를 해놓고, 다른 한 사람은 뒷정리를 하는 것이 합리적일 것이다.

이상적인 것은 이런 가사 분담 방식이 개인적으로 당신이 이미 좋아하거나 원하는 일과 일치하는 경우다. 그런데 둘 중 아무도 청소하는 걸 좋아하지 않는데 청소를 해야 할 때, 또는 먼저 집에 온 배우자가 저녁을 준비해야 하는데 요리를 배운 적이 없거나 좋아하지 않을 때 상황은 더 힘들어진다. 이때가 정말로 함께 일하는 법을 알아낼 기회이다. 그것에 대해 대화를 나누라. 해야 할 일을 확인하고, 그 일을 어떻게 할지, 두 사람에게 맞는 해결책이 무엇일지 각자의 생각을 이야기하라.

당신이 무엇을 하든, 집안일과 관련된 문제들을 하찮게 다루지 마라.

화장실 청소 문제 같은 것은 사소해 보이지만, 나중에 거대한 분노의 원천으로 자라날 가능성이 있다. 문제를 명확하게 다루고, 두 배우자 모두 자신의 취향과 노동이 동등하게 존중받는다는 느낌이 들도록 그 문제를 해결하지 않으면 그렇게 될 수 있다.

이것은 모든 일에 대해 의견이 일치해야 한다는 뜻이 아니다. 둘 중 한 사람이나 둘 다 항상 상대방이 너무 꼼꼼하다고, 또는 꼼꼼하지 못하다고 생각할지도 모른다. 각자 상대방이 집안일에 기여하기 위해 성실하게 노력하고 있고, 자신의 기여하는 부분들이 인정받고 있다고 느껴야 한다. 무엇보다도, 당신이 가정을 갖고 싶으면 가정을 만들어 가야 한다는 것을 기억하라.

"지금 살고 있는 아파트에 대해서는, 제가 떠났을 때 그리워할 만한 것이 하나도 없어요. 반면에, 저의 옛집에는 제가 늘 그리워하는 것들이 많이 있답니다."라고 한 남자가 말했다. 왜 그런 차이가 생기는 걸까? 그는 자신의 아파트를 집으로 만들기 위해 아무 일도 하지 않았지만, 그의 부모님은 그들 자신과 자녀들을 위한 집으로 만들기 위해 많은 시간과 노력을 들이셨기 때문이었다. 아마도 그는 가정을 돌보는 법을 배우기 위해 노력해야 할 것 같다는 생각이 들었다.

"어쩌면 제가 몰랐던 재능과 열정을 발견하게 될지도 모르지요. 또 집안일이 저에게 감동을 주지 않더라도, 최소한 우리 가족을 위해 사랑을 실천하려고 노력할 거예요."

생활 여행자 --

08
오랜 사랑, 한 걸음씩 함께

오랜 사랑을 향하여

동화 속에서는 결혼식 후에 거의 아무 일도 일어나지 않는다. 왕자와 공주는 그 후로 그저 오래오래 행복하게 산다. 그들이 어디서 살기로 했는지, 어디서 일하는지, 휴일은 어떻게 보내기로 했는지 등은 말할 것도 없고, 심지어 신혼여행에 대한 것도 모른다. 동화 속에서는 결혼식이 이야기의 절정일 뿐만 아니라 이야기의 끝이다. 일단 신랑, 신부가 결혼식을 올리면, 그들의 삶에서 주목할 만한 마지막 사건이 일어난 것이다. 이제 막이 내리고 이야기는 끝난다.

실제 삶은 이보다 훨씬 더 흥미진진하다. 실제 삶에서 결혼식은 끝이 아니라 시작이다. 또는 적어도 하나의 시작이다. 젊은 날의 사랑은 오로지 오랜 사랑으로 자라가기 위해 존재하는 것이다. 젊은 날의 사랑이 그 자체로 아름답고 귀중하지 않다는 말이 아니다. 다만 오랜 사랑이 꽃이나 나무라면, 젊은 날의 사랑은 씨앗과 같다. 그것은 가능성을 품은 시작이다. 시간과 정성을 들이면 지금보다 훨씬 더 복잡하고 크고 단단한 것으로 자랄 가능성이 있는 것이다.

우리 문화 속에서 이 진리를 보기는 늘 쉽지 않다. 우리 문화는 젊음에 집착하고, 나이가 들어간다는 것은 모든 면에서 불행한 일이라고 생각한다. 그런 문화 속에서 행복한 결혼생활은 두 사람과 그들의 관계가 영원히 젊음에 머물러 있는 것이라고 믿는 경향이 있다. 이제 막 사귀기 시작한 젊은 사람들에게서 가장 많이 볼 수 있는 숨 가쁜 사랑의 열병 같은 것이 친밀한 사랑의 절정을 나타내는 것으로 간주한다. 따라서 행복한 결혼생활을 원하는 사람들이 할 일은 영원히 그 상태에 머물러 있는 것이라고 생각한다.

그러나 성경과 기독교 전통의 가르침은 다르다. 기독교적인 관점에서, 나이가 들어가는 것은 재앙이 아니라 축복이다. 오랜 세월 동안 남편과 아내로서 함께 나이가 들어간다는 것은 몇 배로 복된 일이다. 우리의 삶과 결혼생활에는 풋풋한 사랑의 설렘 이상의 것들이 있다. 확실히 말하면, 오랜 사랑, 또는 적어도 성숙하기 시작하여 처음보다 훨씬 더 진지해진 사랑이 있다.

> 나는 우리 조부모님을 볼 때마다 그분들의 지혜와 삶과 가족에 대한 사랑, 특히 서로에 대한 사랑에 더 놀란다. 하루는 할아버지께서 농담했더니 할머니가 웃으면서 팔을 뻗어 할아버지의 팔을 쓰다듬으셨다. 할머니의 손길에 담긴 사랑을 단번에 느낄 수 있었다.

이와 같은 사랑으로 성장해 가려면 무엇이 필요할까? 물론 모든 상황에서 모든 부부에게 기계적으로 적용할 수 있는 공식은 없다. 사람들은 다 다르고, 그들의 이야기도 각기 다르게 전개된다. 하지만 부부 관계를 더 깊고 성숙하게 만드는 데 도움이 되는 어떤 생각과 마음과 몸의 습관들이 있다. 결혼생활에 대해 적절하고 유익한 기대를 품고, 전통을 함께 나누고, 삶에 필연적으로 닥치는 고난과 슬픔을 함께 견뎌내는 것 등이 여기에 속한다. 이렇게 함께 살아갈 때 사랑이 성숙해져서 기쁨과 안정과 평화의 열매를 맺는 것이다.

긍정적 기대

결혼생활에 대해 기대를 갖는 것은 자연스러운 일이다. 사람들이 결혼하는 이유 중 하나는 일단 결혼하면 어떤 바람직한 일들이 일어날 것으로 기대하기 때문이다. 어떤 기대는 삶을 더 편안하게 만들어 준다. 우리가 무엇을 기다려야 하는지 알게 해주고, 좋은 일이 일어나면 감사하고 어려운 일이 생기면 대처할 수 있도록 준비시켜주기 때문이다. 어떤 기대는 삶을 더 힘들게 만든다. 우리가 불가능한 것을 바라도록 부추기고, 실제로 그 불가능한 일이 일어나지 않을 때 필연적인 절망에 빠지게 만들기 때문이다.

한 젊은 여자는 결혼한 지 몇 달 안 되어서, 자기가 두 번째 유형의 기대를 가지고 결혼식장에 들어갔다는 사실을 깨닫기 시작했다. 즉 자신의 결혼생활이 완벽할 거라는 기대였다.

나는 사랑에 빠졌다! 정신없이 사랑에 빠져들었고, 늘 흠모하고 소중히 여기며 사랑했던 동화 같은 세계 속에서 남은 인생을 살게 될 것이다. 남편은 절대 내 의견에 반대하는 일이 없을 거다. 항상 내 생각이 옳을 테니까. 어떤 문제가 생겨도 우리는 오랜 시간 커피를 마시며 대화하면서 풀어나갈 테고, 절대 언성을 높이거나 서로에게 실망하는 일은 없을 것이다. 우리는 서로 안아 주고 입맞춤하며 대화를 마칠 것이다. 멋진 의견을 제시해준 서로에게 감사하면서 말이다.

그러나 현실은 그렇지 않았다. 그녀의 남편은 일요일 오후에 그녀와 함께 쇼핑 가는 걸 원치 않았고 스포츠 경기를 보고 싶어 했다. 그는 그녀의 요리를 항상 칭찬해주지 않았다. 그리고 그녀는 항상 리모컨을 장악하지 못했다. 당혹감에 빠진 그녀는 어머니와 이야기를 나누었다. 그녀의 어머니는 결혼할 때 아버지에 대해 어떤 기대를 갖고 있었을까? 그들은 만족했을까? 그녀 어머니의 대답은 이러했다. 자신은 어떤 일에도 실망한 적이 없다는 것이다. 그녀가 기대했던 것은 모두 충족되었다. "난 믿을 수 없었다."고 딸은 말했다.

"어떻게 우리 어머니는 세상에 단 하나뿐인 완벽한 남자와 결혼을 할 수 있었을까?"

대화를 나누는 동안 더 많은 이야기가 나왔다. 그 어머니는 어릴 때 불안정하고 폭력적인 가정에서 자랐다. 흰 웨딩드레스에 수천 송이의 분홍색 장미가 있는 화려한 결혼식이 아니라, 온유하고 책임감 있는 남자와 함께 사는 평화로운 가정을 꿈꾸면서 말이다. 그녀의 기대는 '나를 때리지 않고, 바람을 피우지 않고, 늘 하나님과 나와 아이들을 가장 우선시해달라'는 것이었다. 그녀와 결혼한 남자는 이 모든 기대를 충족시켜 주었다. 오랜 세월이 지난 후, 그들의 자녀들이 거의 다 자랐을 때에도 그들은 여전히 함께했고, 여전히 서로에게 고마워하며, 여전히 많이 사랑했다.

이 젊은 여자의 부모님이 안정적이고 행복한 결혼생활을 이루어온 것은 둘 중 한 사람이 완벽했거나 상대방에게 완벽을 기대했기 때문이 아니라, 서로에게 다정함과 존중을 원했고 또 서로 그렇게 대했기 때문이었다. 서로에 대한 가장 중요한 기대는 근본적인 것들에 초점이 맞춰져 있었고, 그래서 결코 실망하지 않았다.

결혼생활에 닥칠 도전과 기회들을 예상하고 있다가 잘 대처하도록 도와줄 수 있는 또 다른 기대들이 있다. 결혼한 후에 배우자를 알아가는 과정이 계속될 것을 기대하라. 당신이 결혼할 때 서로를 얼마나 잘 알고 있었든 간에, 이것은 사실일 것이다. 아직 한창 사랑에 빠져 있을 때는 상대방이 당신의 마음을 읽을 수 있고 당신의 모든 걸 이해해줄 수 있을 것만 같다. 그러나 사실은 그렇지 않다. 당신 또한 배우자에 대해 아직 배워야 할 것들이 많다.

어떻게 그렇게 확신할 수 있는가? 결혼하면 상황이 달라지기 때문이다. 결혼생활에 나타나는 헌신을 통해 부부는 서로를 새로이, 더 깊이 이해할 수 있고 또 서로에게 자신을 그렇게 드러낼 수 있기 때문이다. 정신적으로 건강한 사람들이 기본적으로 건전한 관계 속에 있다면, 결혼식 후에 배우자에 대해 알게 되는 것들과 결혼 전에 알던 것들이 일치할 것이다. 하지만 그게 다가 아니고, 당신이 상상했던 것보다 더 복잡하고 흥미진진할 것이다. 서로 알아가는 과정은 결혼식에서 끝나는 것이 아니다. 그 대신 새로운 단계로 들어간다.

또한 시간이 지나면서 알아야 할 것도 바뀐다. 사람들은 성장하고 변화한다. 따라서 서로에 대한 지식도 성장하고 변화해야 한다. 이것은 결혼 전에도 일어나고, 결혼생활 내내 일어나는 일이다. 당신은 지난주, 지난달, 또는 지난해에 당신의 배우자를 진심으로 이해했을지 모른다. 하지만 그렇다고 해서 그 사람을 알아가는 일이 다 끝난 것은 아니다. 당신이 배우자에 대해 아는 것들이 달라지거나 발전할 필요가 있을 수도 있다. 당신의 배우자와 당신의 결혼생활은 계속 달라지고 있고 발전하고 있기 때문이다.

변화는 우리가 마땅히 기대해야 하는 것이다. 변화는 우리 문화에서, 특히 로맨틱한 관계에서는 아주 복잡한 자리를 차지하고 있다. 동화와 세상 문화는 둘 다 배우자들이 결혼서약을 하는 순간 그런 관계가 절정에 달한다고 믿게 한다. 만약 그렇다면, 그 후로는 내리막길밖에 없는 것 아닌가? 그래서 우리는 변화를 두려워한다. 변화가 생기면 지금보다 더 나빠질 것으로 생각하기 때문이다.

하지만 그와 동시에, 우리는 안정감이 생기는 만큼 권태로움도 따라올 것으로 생각한다. 오랫동안 같은 일에 헌신하면서 여전히 흥미진진한 삶을 산다는 것이 실제로 가능할 것 같지 않다. 한 남자는 "모든 삶이 똑같지 않다고 어떻게 확신할 수 있습니까?"라고 말했다. 결혼의 영속성은 당신의 삶을 확정하는 것과 비슷하게 보일 수 있다. 어떤 새로운 일이나 흥미로운 일이 다시 일어날 가능성도 없게 말이다.

그런데 사실은 결혼 속에서도 변화는 불가피하다. 삶 속에서 정지해 있는 것은 없다. 시간이 지나도 변하지 않는 관계는 없다. 그리스도인들은 그 변화에 목적이 있다고 믿는다. 그것은 하나의 목표, 즉 하나님 나라를 향하고 있다. 또 만일 역사가 하나의 목표를 향해 움직이고 있다면, 결혼 여부와 상관없이 사람들도 그러한 것이다. 문제는 당신의 결혼생활이 달라질 것이냐 말 것이냐가 아니라, 어떻게 달라질 것인지, 또 그러한 변화들이 어떤 속성을 가지고 있느냐는 것이다.

어떤 변화는 상실과 함께 온다. 어떤 좋은 것이 있는데 그것이 변한다면, 그 좋은 것은 더 이상 존재하지 않는 것이다. 하지만 많은 변화는 그 속성이 좋거나 나쁜 것이 아니라, 단지 달라지는 것이다. 당신의 아이들이 어린 아기일 때 집을 사는 것과 그 아이들이 학교에 다닐 때 집을 고치는 것, 그리고 그 아이들이 성인이 됐을 때 뒤뜰에서 아이들의 결혼식을 지켜보는 것은 서로 다르다. 이 단계 중 어느 단계가 다른 단계보다 더 좋다고 누가 말할 수 있겠는가? 그것들은 단지 다를 뿐이다. 단계마다 어려움이 있고 기쁨도 있다. 그리고 남편과 아내로서 누릴 수 있는 특권은 이런 일들을 함께 맞이하고 같이 공유하는 것이다. 물론 사람들은 때때로 함께 평화롭게 만족하며 살기가 더 힘들어지는 방향으로 변할 수 있다. 결혼생활의 도전은 서로 점점 더 멀어지고 소원해지는 것이 아니라, 점점 더 긍정적이고 친밀해지는 방향으로 같이 변해 가는 것이다.

현대 문화의 다양함과 과학 기술의 발전은 사람들을 떠밀고, 우리로

하여금 여기저기 바쁘게 돌아다니며 텔레비전과 컴퓨터 앞에만 앉아 있게 하고 대부분 멀리서 버튼만 눌러 소통을 하도록 부추긴다. 우리가 이렇게 할 때, 필연적으로 인간 삶의 자연스러운 한 부분인 변화는 우리를 고립시킨다. 그리고 우리는 머지않아 서로를 거의 알지 못하고, 더 이상 알려고도 하지 않는다는 걸 발견하게 될 것이다. 우리가 함께 긍정적으로 변화하길 원한다면 공동체를 만들어야 한다. 함께 먹고, 함께 일하며, 함께 대화하고, 서로에 의해, 그리고 함께 우리 자신이 변화하도록 해야 한다.

결혼생활에서 공동체의 중요성은 우리가 또 한 가지 중요한 기대를 가져야 한다는 것을 보여준다. 즉 배우자 외에 다른 사람들이 당신의 결혼생활에서 중요한 역할을 할 거라는 기대이다. 사실 사람들은 서로를 필요로 한다. 관계와 교제에 대한 갈망은 너무 크고 너무 다양해서, 남편이나 아내만으로는 충족될 수 없다. 배우자는 매우 중요한 사람이지만, 배우자가 당신에게 모든 것이 될 수는 없는 것이다. 친구들과의 우정은 부부 관계 밖에서 교제를 나눌 기회를 줌으로써 부부 관계를 더 풍성하고 강하게 해준다. 실제로 당신의 삶 속에 다양한 사람들이 있으면, 배우자가 당신에게 어떤 존재인지를 깨닫기 더 쉬울 수 있다.

결혼하면 관계에 변화가 생긴다. 친구 중 한 명이 결혼하면 친구 관계가 달라진다. 가족 관계도 달라진다. 더 이상 당신은 그냥 한 남자나 한 여자가 아니다. 더 이상 그냥 한 아들이나 딸이 아니다. 당신은 남편 또는 아내이며, 이것은 필히 당신의 우선순위를 재정비한다. 당신과 당신의 배우자는 친구들과 가족들을 위해 의도적으로 시간을 내야 할 것이다. 또 그런 관계들이 당신의 결혼생활을 보완해주고 지지해주도록 이끌어 가야 할 것이다.

당신의 결혼생활에서 가장 중요한 역할을 할 사람 중에는 자녀들이 있을 것이다. 위탁 양육을 하든, 입양을 하든, 당신 자식을 키우든 간에, 당신의 자녀들은 각각 당신의 집에 와서 당신을 변화시킬 것이다. 아이들이 좀 더 크면 친구들을 집으로 초대할 것이고, 그 친구들이 또한 당신을 변화시킬 것이다. 이 과정이 완전히 편안하지는 않을 것이다. 하지만 그것은 굉장히 보람 있고 삶을 풍요롭게 하는 일이 될 수 있다.

어쩌면 어느 날 당신의 딸이 이렇게 말할 것이다.

"내 친구들이 우리 부모님을 만나면 항상 깜짝 놀랐다고 말한다. 나와 남동생으로 인해 우리 가족은 여러 가지 경험을 했는데, 부모님이 그 경험들로부터 얼마나 많은 것을 배우셨는지 알 수 있다. 나도 똑같이 내 아이들이 어릴 때, 그리고 다 컸을 때 그 아이들로부터 배울 수 있기를 바란다. 새롭고 다른 견해를 접했을 때 꼭 내 생각만 옳다고 고집하지 않기를 바란다. 우리 부모님이 그러셨던 것처럼, 다른 사람들의 말을 잘 듣고 배울 수 있기를 바란다."

힘든 일이나 어려운 문제가 생겼을 때 다른 어른들이 특히 중요한 역할을 해줄 수 있다. 살다 보면 반드시 그런 일들이 생길 것이다. 물론 모든 사람이 좋은 친구는 아니다. 하지만 확실히 신뢰할 수 있는 사람들, 이야기를 들어 주는 것만으로도 도움이 되는 사람들, 두 사람이 가장 잘되기를 원하는 사람들, 한쪽 편을 들거나 판단하지 않는 사람들이 있다. 결혼생활의 어려움을 친구에게 털어놓을 때 주의할 점은 불평하거나 당신의 배우자를 탓하거나 비방하지 않는 것이다. 중요한 것은 지금 당신의 관계 속에서 일어나는 일들에 대해 조언을 듣고, 당신이 앞으로 나아가는 데 도움이 될 만한 방책을 찾는 것이다.

그러므로 개인적으로, 또 부부로서 폭넓은 사람들과 관계를 만들어 가라. 반드시 다른 사람들에게 당신의 배우자에 대해 긍정적으로 말하라. 함께 어떤 문제들에 직면했거나 부부 관계를 방해하는 문제가 있으면, 현명하고 그것에 대해 공감해줄 수 있는 사람과 대화를 나누라. 또래 친구가 될 수도 있고, 부모님이나 다른 친척, 또는 교회의 어른이 될 수도 있다. 목사님이나 전문 상담가를 찾아가도 좋다. 당신의 삶에 이런 사람들이 필요하다. 그들이 당신의 결혼생활을 성공적으로 기쁘게 해나가도록 도와줄 수 있다.

또 한 가지, 부부가 각자 혼자만의 시간이 필요할 거라는 사실을 미리 알고 있어야 한다. 친밀한 관계는 즐거움을 주고, 세상 문화와 기독교 문화 둘 다 로맨틱한 배우자를 찾는 일에 높은 가치를 부여한다. 그러한 것들이 사람들에게 관계 속에서 자기 자신을 잊어버리도록 만들 수 있다. 하지만 결혼한 사람에게도 여전히 자아가 있고, 그 자아는 여전히 쉬고 호흡하고 성장할 시간이 필요하다.

그러므로 모든 일을 함께하는 삶, 또는 관계를 만들려고 하지 마라. 당신 자신만을 위한 자리를 내주고, 당신의 배우자에게도 그렇게 하라. 사람들 대부분은 신혼의 단꿈에 젖어 있을 때에도 조금이나마 "나만의" 시간이 필요하다. 그리고 집에 어린아이들이 생기고 새벽부터 밤까지 잠시도 조용할 때가 없는 시기가 오면, 사실상 모든 이가 그런 시간을 필요로 한다. 집의 한 귀퉁이에 당신이 책을 읽거나 일기를 쓸 만한 장소를 만들어라. 15분만 시간을 내어 산책하거나 자전거를 타라. 당신의 배우자가 그와 같은 일을 하는 동안 당신이 아이들을 봐주겠다고 하라. 그로 인해 당신의 기분도 한결 좋아지고, 부부 관계도 더 좋아질 것이다.

새로운 전통

그리스도인의 삶에서, 당신이 하는 모든 일은 부분적으로 전통이라는 넓고 복잡한 의미를 갖게 된다. 당신은 한 번 결혼하고, 그때 서약하고 헌신하기 시작한다. 당신보다 앞서 간 수많은 부부처럼 헌신의 삶을 시작하는 것이다. 그러고 나면 당신과 당신의 배우자가 매일이든 일주일에 한 번이든 아니면 일 년에 한 번이든, 한 번 이상 하는 자잘한 일들이 많이 있다. 시간이 지나면서 그런 것들이 전통이 되어 당신의 결혼생활을 만들어 갈 것이다.

사람들은 전통을 가질 수밖에 없다. 특정 상황이 발생할 때마다 새로운 방식을 생각해낼 만큼 창의적인 사람은 아무도 없다. 그리고 대부분 우리는 그러기를 원치 않는다. 우리는 무엇을 기대해야 하는지 알기 원하고, 우리가 의지할 수 있는 것을 갖기 원한다. 그래서 어떤 일들을 행하는 방식을 정하고, 한 번 이상 그렇게 하면, 우리도 모르는 사이에 그것이 전통이 되어 있다. 그리고 우리는 다른 방식으로 그 일을 할 생각을 거의 하지 못한다.

두 가족의 전통이 똑같은 경우는 없다. 특히 휴일을 어떻게 보내는지 보면 분명히 알 수 있다. 한 여자는 자신이 결혼한 첫해에 있었던 일을 이야기해주었다. 그녀는 남편에게 휴가를 신청하는 걸 잊지 말라고 했다. 그러자 그는 휴가를 반납하고 일을 해도 될지 물어볼 계획이었다고 대답했다. 다음은 그녀가 쓴 글이다.

> 정말 충격이었다. 어떻게 우리가 함께 보내는 첫 번째 휴가 기간에 일하고 싶을 수가 있는지 나로선 상상할 수 없는 일이었다. 너무 화가 났고 이런 생각이 들었다. "그 사람에겐 휴일이 중요하지 않은 거야. 가족도 중요하지 않고, 나도 중요하지 않아." 펑펑 울면서 오래 대화를 나눈 끝에, 그의 가족에겐 휴가가 중요한 시간이 아니었다는 사실을 알게 되었다. 심지어 휴가를 함께 보내지 않은 해도 있었다. 그는 나를 화나게 하려는 의도가 없었다. 그는 우리에게 돈이 더 필요하다고 생각했고, 단지 나만큼 휴일을 중요하게 생각하지 않았던 것뿐이다.

이 젊은 부부가 발견하기 시작했던 것처럼, 전통은 단지 지속하는 역할만 하는 것이 아니다. 전통은 바뀐다. 때로는 전통에도 변화가 필요하다. 모든 습관이 좋은 것은 아니며, 좋은 습관들도 때로는 폐물이 된다. 어떤 때는 삶이 바뀌었기 때문에 전통도 바뀌어야 한다. 사람들이 결혼했거나, 직업을 바꾸었거나, 이사를 한 경우이다. 늘 해왔던 대로 계속 하고 싶어도 그럴 수가 없다. 지금은 상황이 달라졌기 때문이다. 삶의 변화들이 환영받을 때에도, 과거 삶의 모습들과 관련된 전통의 상실은 매우 슬픈 일일 수 있다.

많은 신혼부부에게 휴일들은 특히 크게 다가온다. 사람들은 이런 특별한 때와 관련된 좋은 추억과 느낌들을 많이 가지고 있다. 그리고 신랑, 신부의 양가 식구들은 종종 신혼부부에게 특별한 관심을 가지며 그들이 가족 행사에 참석하길 바란다. 휴일을 어떻게 보낼지에 대한 각자의 의견을 다 듣고, 모두에게 좋은 방법을 찾아내는 것이 매우 어려울 수 있다.

결혼 첫해에 주요 휴일을 어떻게 보낼 것인지를 고민할 때 기억할 것이 있다. 한 번에 한 해의 일만 결정하면 된다는 것이다. 이와 관련하여 어느 약혼한 커플의 이야기를 생각해 보자. 그는 자기 가족의 추수감사절 전통을 무척 좋아했고, 그녀는 자기 가족의 크리스마스 전통을 무척 좋아했다. 그들은 결혼하면 추수감사절은 남자 쪽 가족들과, 크리스마스는 여자 쪽 가족들과 함께 보내고 싶었다. 개인적인 생각으로는 매우 좋은 방법이었던 것 같다. 하지만 어쩌다 무심코 신랑 어머니에게, 그들이 결혼하면 매해 크리스마스는 신부의 가족과 함께 보내기로 계획 중이라는 말을 해버렸다. 이 말이 좋게 받아들여졌을 리가 없다. 차라리 한 해의 계획만 세우고 그것만 이야기하는 것이 훨씬 더 나았으리라는 것을 뒤늦게야 깨달았다. 그들 자신과 확대 가족들의 생각과 전통들이 점차 달라질 여지를 남겨 놓았어야 했다.

어떤 가족들은 다른 가족들에 비해 좀 더 기품 있게 변화를 만들어 갈 수 있다. 당신의 친척 중에도, 그들이 원하는 대로 다 해줘야 하고 그 이상을 하지 않으면 당신이 죄책감을 느끼게 하려고 안간힘을 쓸 사람들이 있을 것이다. 이때를 기회 삼아, 당신과 당신의 배우자는 실행 가능한 방법이 무엇인지, 당신의 가족들이 기대하고 바라는 것 중에 당신들이 충족시켜줄 수 있는 것과 없는 것이 무엇인지를 파악하기 위해 함께 노력해야 한다.

이것이 또한 또 하나의 전통의 시작이 될 것이다. 모든 친척의 비위를 맞추려 애쓰다 당신도 화가 나고, 결국 친척들과 서로에 대한 원망만 남는 것이 휴일의 전통인가? 아니면 할 수 있는 만큼 만족스러운 계획을 찾아내기 위해 함께 노력하고, 그래서 함께 따뜻하고 즐거운 휴일을 보내고 많은 가족과 함께 즐겁게 지내는 것이 휴일의 전통인가?

최소한 휴일의 전통만큼 중요한 것은 매일, 매주, 매 계절 가족의 삶을 형성하는 더 작은 여러 습관이다. 가족 게임의 밤, 잠자리 기도와 자장가, 장거리 자동차 여행, 주말 소풍, 도보여행, 생일과 기념일을 축하하고 좋은 성적표를 받아오면 축하 파티하기, 이 외에도 많은 것이 가족의 공동생활을 이루는 중요한 요소들이 될 전통에 속한다.

식사와 식사시간에 관련된 전통들은 특히 개인과 가족의 삶에 큰 영향을 미친다. 식사는 매일, 하루에도 여러 번 하는 일이다. 우리의 식사 습관은 우리의 모습을 형성해 가는 데 중요한 역할을 한다.

서로를 위해 준비한 식사를 함께 나누는 것을 생각해 보자. 함께 앉아서 아침이나 저녁을 먹기 위해 꼭 돈을 많이 쓰거나 화려한 식탁을 차릴 필요는 없다. 단지 시간을 내어 무엇을 먹을지 계획하고, 장을 보고, 요리를 하고, 식탁을 차리고, 함께 앉아 먹으면 된다. 이런 일들에 시간을 할애하면 또 새로운 시간이 생긴다. 바로 식사시간이다. 식사시간의 훈련을 실행하는 많은 부부와 가족들은 그들의 가장 따뜻한 추억들이 음식과 식탁에 둘러앉아 나누었던 대화들에 집중되어 있다는 것을 발견한다.

함께 짊어지라

결혼생활을 하다 보면 반드시 "힘든 일"이 있기 마련이다. 하지만 그 말의 뜻은 정확히 무엇인가? 사람들이 "결혼생활이 힘들다."고 말할 때 그 말은 무슨 의미인가? 우리는 적어도 세 가지 의미를 생각해낼 수 있다. 그중 하나는 거짓이고, 두 가지는 사실이다. 첫 번째 의미부터 살펴보자. 사람들이 이렇게 말할 때는 결혼이 삶의 다른 길들에 비해 힘들다는 뜻일 수 있다.

우리는 사람들이 꼭 그대로 말하는 것은 들어 본 적이 없지만, 때때로 사람들은 이런 식으로 말하곤 한다.

"모든 사람이 늘 저에게 결혼생활은 힘들고 어려운 일이라고 말해요. 그런 말을 들으면 정말 두려워요. 지금까지 전 매 순간을 즐겁게 보내고 있거든요. 그러다 보니 저 스스로 오늘이라도 나쁜 일이 닥칠 수 있다고 생각하고, 그때가 오기를 기다리고 있는 것 같아요. 정말 사람들이 말하는 것처럼 힘들고 괴로운 시간이 올까요? 최악의 순간을 대비하고 있어야 하는 걸까요?"

그렇지 않다. 단지 당신이 결혼했다는 이유로 늘 최악의 상황에 대비하고 있을 필요는 없다. 결혼은 당신의 삶을 불행하게 만드는 지름길이 아니다. 그것은 당신이 결혼하지 않았으면 피할 수 있었던 짐이 아니며, 지금 당신은 그것을 견디기 위해 그저 최선을 다해야 한다. 결혼과 독신은 서로 다른 삶의 길일뿐이다. 어느 길에나 장단점이 있지만, 확실히 어떤 길이 다른 길보다 더 편하거나 더 힘들다고 할 수는 없다.

한편, 어떤 의미에서 결혼은 정말 힘든 일이다. 한 여자의 글을 읽어 보자.

> 우리 부모님들의 관계는 항상 너무나 편해 보였다! 내가 그렇게 말하면 부모님은 웃으셨다. 아버지는 그들이 변함없이 행복할 수 있는 건 여러 해 동안, 매일같이, 매 순간 열심히 노력했기 때문이라고 설명해 주셨다. 부모님은 매일 자신보다 상대방의 필요를 더 우선하고, 관계를 더 좋게 만들기 위해 기꺼이 서로 양보하려고 노력해오신 것이다.

다시 말하면, 무슨 일이든 정말 잘하려면 힘이 든다는 의미에서 결혼생활은 힘든 것이다. 악기를 잘 연주하는 사람이나 기술이 뛰어난 운동선수나 예술가나 공예가는 하나같이 그 수준에 도달할 수 있었던 건 오로지 정말 열심히 노력했기 때문이라고 말할 것이다. 하지만 그들이 그렇게 오랫동안 힘들게 노력해온 것은 자기 일을 사랑하고 또 그 일을 잘하고 싶었기 때문이다. 그 사랑과 열망이 전체적인 과정을 반가운 훈련으로 만들어 주는 것이다. 비록 그 기간이 길고 지루하고 힘들게 느껴지더라도 말이다.

결혼생활도 마찬가지다. 때로는 서로에 대한 사랑의 기쁨과 그들의 삶 속에 서로가 존재함으로 인한 기쁨에 들떠 있다. 그럴 때는 인내하며 들어 주고, 부드럽게 말하고, 서로 섬기고 서로에게 만족하기가 쉽다. 그런가 하면 이런 일들이 하나같이 쉽지 않게 느껴질 때가 있다. 그럴 때에도 변함없이 서로 배려하고 존중하려면 많은 훈련이 필요하다. 이것이 힘든 일이다. 따라서 이런 의미에서 결혼은 힘든 일이다.

결혼이 힘든 일이라는 두 번째 의미가 있다. 결혼생활이 힘든 이유는 삶이 힘들기 때문이다. 결혼은 상실과 얽혀 있고 죽음에 매여 있다. 바로 인간의 삶이 상실과 얽혀 있고 죽음에 매여 있기 때문이다. 그래서 결혼 서약을 보면 이런 말이 나온다.

"나는 당신을 배우자로 맞아, 좋을 때나, 나쁠 때나, 부유할 때나, 가난할 때나, 아플 때나, 건강할 때나, 죽음이 우리를 갈라놓을 때까지 사랑하고 소중히 여기겠습니다."

그리스도인의 결혼은 도박이 아니다. 이 사람을 선택하면 우리의 앞날에 부와 건강만이 함께할 것이며 영원히 행복하게 살게 될 거라는 기대를 안고 결혼하는 것이 아니다. 그리스도인의 결혼은 삶에 어떤 일이 닥치더라도 서로 사랑할 것을 약속하는 것이다.

누구에게나 삶은 좋을 때도 있고 나쁠 때도 있으며, 부유할 때도 가난할 때도 있고, 아플 때도 건강할 때도 있다는 것을 인정하고, 또 죽음은 우리 모두에게 다가오기 때문에 우리가 이 세상에 영원히 있지 않으리라는 것을 인정하면서 말이다.

역설적으로 보일지도 모르지만, 이것은 좋은 소식이다. 그것은 하루하루를 최선을 다해 살고, 우리의 삶 속에 사랑하는 사람이 있는 것을 당연하게 여기지 말고, 모든 것이 완벽할 때에만 행복할 수 있다고 생각하지 말고, 슬픔과 상실이 있더라도 우리가 함께하는 시간을 소중히 여기라는 것이다. 고난이 닥칠 때 서로 등을 돌리고 혼자서 끙끙대는 것이 아니라, 어떤 짐이든지 함께 짊어지고 함께 이겨내려고 노력하는 것이 바로 그런 삶이다.

우리는 상실을 인생의 끝이나 먼 훗날에 닥칠 일로 생각하려는 유혹을 느낄지 모른다. 물론 그것은 사실이 아니다. 상실은 우리가 사는 동안 내내 우리를 따라다니는 것이다. 물론, 사람마다 이것을 깨닫게 되는 때와 방식이 다 다르다. 당신이 어릴 때에 중요한 상실을 겪었다면, 자라면서 당신이 할 일은 그런 상실을 솔직하게 받아들이고 슬퍼하며 스스로 희망을 가지는 것이다. 만일 당신의 어린 시절에 슬픈 일이 별로 없었다면, 자라면서 당신이 할 일은 당신이 겪어 보지 않은 아픔을 겪은 사람들과 함께 아파하는 법을 배우고 언젠가 상실이 닥치면 자신의 상실을 진실하게 받아들이는 것이다. 그런 때가 반드시 올 것이다.

서로의 짐을 짊어지려면 상대방의 짐이 무엇인지 알아야 하고, 또 당신 자신의 슬픔을 상대방에게 솔직하게 털어놓아야 한다. 당신은 배우자를 만나기 전에 큰 고난을 겪었는지도 모른다. 그러한 상실은 당신의 이야기에 포함된다. 즉 그것은 당신이 성인이 되는 동안 영향을 미쳐 왔고, 앞으로도 계속 당신에게 영향을 미칠 것이다. 당신의 슬픔의 역사를 서로 나누는 것은 당신의 상실을 애도하고 미래의 가능성을 받아들이는 데 있어 중요한 부분이 될 수 있다.

과거와 현재의 상실에 관해 이야기할 때 당신은 어떤 의미에서 배우자의 슬픔이 또한 당신의 슬픔이 되는 것을 발견할 것이다. 이것은 당신이 배우자의 상실을 그 사람과 똑같이 느낄 수 있다거나, 당신이 다른 사람의 슬픔을 깊이 느낌으로써 그 사람의 슬픔이 가시게 해줄 수 있다는 말이 아니다. 그러나 배우자가 슬퍼하면 자연히 슬퍼지고, 배우자의 상실이 당신에게도 직접적인 영향을 미칠 수 있다. 이 젊은 여자의 경우가 그랬다.

> 내 약혼자는 몇 년 전에 어머니를 잃었다. 나는 그때 그 사람을 몰랐고, 그의 어머니를 만난 적도 없다. 하지만 그럼에도 불구하고 그의 어머니의 죽음은 나에게도 영향을 미쳤다. 나는 그가 우리의 관계 속으로 가지고 들어온 것 중 하나가 바로 어머니의 죽음에 대한 아픔이라는 것을 알았다. 그는 어머니가 나를 절대 모를 거라는 사실, 그의 대학 졸업식과 결혼식에도 못 오실 거라는 사실이 슬프다고 했다. 그 얘기를 들으니 눈물이 난다. 마치 나는 알지도 못했던 여자를 그리워하고 있는 것 같다. 내가 그녀를 알았더라면 좋았을 텐데, 때때로 그 기회를 빼앗긴 것 같아 무척 아쉽다.

부부는 결혼생활의 과정에서 다른 짐들도 함께 짊어지게 될 것이다. 많은 젊은 부부가 전에 살던 데에서 멀리 떨어진 곳으로 이사를 한 경험을 이야기한다. 어떤 부부는 이것을 즐겁게 받아들이지만, 가족과 친구들의 든든한 관계망에서 떨어져 나가는 것에 엄청난 스트레스를 느끼는 부부들도 있다. 이것은 마땅히 슬퍼해야 할 상실이며, 의도적으로 함께 노력하면 부부가 서로의 관계를 더 돈독히 하고 상실 속에서도 새로운 공동체에서 새로운 친구 관계를 형성할 방법을 찾아가는 데 도움이 될 수 있다.

가임기의 부부들이 많이 직면하는 또 한 가지 상실은 임신과 출산에 관련된 것이다. 불임, 유산, 사산과 영아 사망은 사람들이 많이 이야기하지 않는 것들이다. 특히 젊은 사람들, 아직 결혼하지 않았거나 갓 결혼한 사람들과는 이런 얘기를 하지 않는다. 대부분 젊은 사람은 불임에 대해 생각하지 않는다. 유산은 자식을 잃은 부모들이 그 사실을 이야기해준 사람들만 아는, 감춰진 상실이다. 그리고 사산과 영아 사망은 훨씬 더 드문 일이다. 하지만 이러한 상실들이 실제로 일어난다.

사실은 아무도 아이가 생기는 것을 장담할 수 없고, 임신을 한다고 해서 다 건강한 아기를 낳게 되는 것은 아니다. 유산은 특히 흔한 일이고, 임신의 경험을 더 생생하게 만들어 주는 초음파 사진과 같은 과학 기술이 또한 유산의 아픔을 더 신랄하게 느끼게 해준다. 아이의 탄생에 대한 기대가 태어나지 않을 아이에 대한 슬픔으로 바뀌는 순간 말이다.

유산이나 그 외에 임신과 관련된 상실이 당신에게 일어나지 않는다 해도, 당신이 아는 부부에게 일어날 수 있다. 그 부부는 당신이 이 상실을 그들과 함께 아파해주기를 원할 것이다.

"아이를 잃는 것이 얼마나 힘든 일인지, 그런 일이 얼마나 자주 일어나는지 미리 알았더라면 좋았을 거예요."

아내가 두 번 유산하고 나서 최근에 첫 아이를 낳은 한 남자가 말했다.

"우리가 그 일을 겪고 나자 많은 사람이 자신의 상실에 대해 이야기해주었어요. 그렇게 많은 사람이 그런 일을 겪는지 몰랐어요."

일반적으로 삶의 후반부에 오는 다른 짐들도 있다. 예를 들면, 당신이 바랐던 만큼 직장생활에서 성공하지 못하리라는 것을 깨달았을 때 찾아오는 절망감이 있다. 또는 아이들이 거의 다 성장했고 다음에 당신이 뭘 해야 할지 갈피를 못 잡을 때가 있다. 또한 많은 도전은 인생의 어느 시기에나 닥칠 수 있다. 재정적인 실패, 건강 문제, 당신과 자녀들, 또는 가족이나 친구들에게까지 영향을 미치는 위기나 고난, 상실 같은 것들이 있을 것이다.

이 모든 어려움이 당신에게 일어나지는 않을 것이다. 적어도 모두 동시에 일어나는 일은 없을 것이다. 하지만 언젠가 어려운 일이 일어나리라는 것은 분명한 사실이다. 이러한 짐들을 함께 짊어지고, 서로 슬픔을 나누며, 그 모든 일 속에서도 서로를 바라보며 잘 이겨내고 성장할 방법을 찾을 수 있을 때 당신은 건강한 결혼생활을 하게 될 것이다.

남편과 아내가 삶의 무거운 짐들 때문에 슬퍼할 때, 말과 침묵과 행동 모두 도움이 될 것이다. 슬픔에 잠긴 사람들에게 도움이 안 되는 말들이 있다. 이를테면 "오히려 잘된 일이야."라든가, "하나님은 절대 감당할 수 없는 일은 주지 않으셔."라든가, "아직도 그러고 있어?"라는 말들이다. 그러나 도움이 되는 말들도 있다. "정말 마음이 아프다.", "왜 이런 일이 생겼는지 알 수가 없어.", "나랑 얘기 좀 할까?" 이런 말들은 대화의 가능성을 열어 주고, 슬픔의 짐을 서로 나눠 질 수 있게 해준다.

침묵 또한 도움이 될 수도 있고 안 될 수도 있다. 고난을 겪었으나 아직 큰 상실을 슬퍼해본 적이 없는 한 여자가 말했다.

"나는 침묵의 행위를 선택해왔다는 것을 깨달았어요. 그건 나 자신 안에 있는 침묵이고, 나 자신 안에 치유되고 회복되어야 할 부분을 무시하거나 회피하는 것이었어요. 그것은 건드리면 아프고, 열어 보기만 해도 피가 나는 침묵이에요."

이러한 침묵은 큰소리로 깨 버려야 하고, 말이나 눈물로라도 그 안을 채워야 한다.

그러나 슬픔에 직면했을 때 적절한 침묵도 있다. 그것은 당혹감이나 회피나 반감에서 비롯되는 침묵이 아니라, 겸손과 공감에서 나오는 침묵이다. 때로 침묵은 "당신의 고통을 없애기 위해 내가 할 수 있는 일은 아무것도 없지만, 슬픔에 잠긴 당신과 함께 있겠다."고 말하는 것이다. 말없이 함께 있어 주려면 많은 용기가 필요하다. 사랑하는 사람의 마음을 아프게 한 그 일들이 당신의 마음도 아프게 할 것이기 때문이다. 하지만 그것은 또한 큰 선물이며, 애도와 치유를 둘 다 가능하게 해준다.

마지막으로, 애도에는 말하고 듣는 것뿐만 아니라 행동도 포함될 수 있다. 당신보다 먼저 삶과 죽음을 경험한 사랑하는 사람들을 기억하게 해주는 전통들이 애도와 치유의 중요한 부분이 될 수 있다. 당신의 어머니가 늘 당신과 함께 만들었던 것과 똑같은 부활절 바구니를 만드는 것, 어릴 때 아버지가 데려갔던 길로 가족과 함께 하이킹을 가는 것, 가족의 생일을 기억하고 당신의 할머니가 하셨던 것처럼 생일마다 그 사람이 제일 좋아하는 케이크 만들기, 이 모든 것이 사랑하는 사람에 대한 추억을 떠올리며 그 사람이 당신의 삶에 계속 영향을 미치고 있음을 인정하는 행위가 될 수 있다.

열매 맺기

한 젊은 여성이 기념일이 하루, 이틀 정도 지난 후에 쓴 글이다.

나는 이번 밸런타인데이에 사랑에 관해 더 많이 알게 됐다. 남자 친구의 할머니가 이번 주에 돌아가셔서, 우리는 저녁 식사 계획을 취소하고 장례식에 참석하기 위해 집으로 갔다. 이런 슬픔의 때에 남자 친구와 그의 가족들과 함께 있는 것이 나에게는 생소한 경험이었다. 할아버지는 장례식 내내 할머니 없이 뭘 어찌해야 할지 모르는 모습이셨다. 그 모습을 지켜보고 있자니, 결혼에 대해, '죽음이 두 사람을 갈라놓을 때까지' 평생 함께하겠다는 서약의 의미에 대해 많은 생각을 하게 됐다.

50년 동안 이 부부는 한팀이었고, 가족과 교회와 공동체를 위해 봉사하는 삶에 자신을 바쳐 왔다. 동시에 그들은 둘 다 자신의 개성을 간직해왔다. 주말 동안 할머니에 대한 이야기를 나누었고, 할머니가 쓴 시들을 읽었다. 장례식에서는 할머니가 제일 좋아했던 찬송가를 불렀고, 할머니에게 특별했던 성경 구절들을 읽었다. 이 여자는 또 이렇게 말했다.

나의 결혼생활에서도 올바른 균형을 발견할 수 있기를 진심으로 바란다. 나의 '자아'를 유지하는 것과 다른 사람과 하나가 되는 것 사이에서 균형을 찾고 싶다. 평생의 헌신이 어떤 것인지 분명한 본보기를 보여 주셔서 감사하고, 이 세상에서 우리에게 주어진 시간이 얼마나 짧고 소중한지를 상기시켜 주셔서 감사하다. 나도 할머니처럼 하나님의 임재 안에서 살고 그 뒤에 영원한 열매를 남기는 삶을 살고 싶다.

모든 결혼생활은 저마다 다르다. 모든 개인은 특별하며, 특별한 배우자들이 함께 만들어가는 결혼생활 또한 특별하다. 따라서 당신의 결혼생활이 어떤 열매를 맺을지 확인하려면 시간이 좀 걸릴 수 있다. 다른 사람의 결혼생활이 맺는 열매와 정확히 똑같지 않을 것이기 때문이다. 물론 우리는 모든 성공적인 결혼생활에서 몇 가지 공통점들을 볼 수 있을 것으로 기대한다. 존중, 친밀감, 용서, 헌신, 오랫동안 당신의 특별한 가정에 임한 복들에 대해 감사하는 마음이다. 그러나 이것이 당신에게 정확히 어떤 모습으로 나타날 것인가?

당신이 미리 알 필요는 없다. 한 아이를 잘 키우기 위해, 그 아기가 장차 자라서 목사가 될지 배관공이 될지, 간호사가 될지 엔지니어가 될지 미리 결정할 필요는 없는 것이다. 그 아기를 감사함으로 받고, 사랑과 정성을 다해 키우고, 하나님이 그 아이를 어떻게, 어디로 인도하실지 보게 되기를 기다리면 되는 것이다.

결혼생활도 마찬가지다. 결혼 생활을 잘하기 위해, 앞으로 50년 후 당신의 결혼생활이 정확히 어떤 모습일지를 미리 결정할 필요는 없다. 그 세월 동안 일어날 수 있는 모든 일에 대해 마음을 열어 놓고, 당신의 결혼생활이 처음부터 조금씩 성숙해가는 동안 함께 당신의 삶을 잘 보살피면 되는 것이다.

항상 흥미진진한 결혼생활은 없다. 모든 결혼생활에는 힘든 시기가 있다. 그리고 오랫동안 결혼생활을 잘 해온 사람들 중에 다른 삶을 바라는 사람은 거의 없다. 젊은 사랑의 흥분과 생동감과 강렬함은 좋은 것이다. 그러나 많은 풍파를 함께 견디고 나서 찾아오는 안정된 평온함도 그만큼 좋은 것이다. 두 사람이 함께함으로 인해, 따로 떨어져서는 절대로 될 수 없었던 사람들이 될 수 있다. 젊은 사랑에서 좀 더 복잡하고 성숙한 오랜 사랑으로 성장해온 결혼생활의 진정한 동행자가 되는 것이다.

맺는말 – 결혼식

사람들은 왜 결혼식을 하는가? 결혼하기 위해 꼭 결혼식을 해야 할 필요는 없는데 말이다. 목사님의 서재에서 증인이 되어 줄 몇몇 친구들과 함께 결혼을 할 수도 있다. 그러면 그날 저녁에 당신은 그냥 결혼한 사람이 되는 것이다. 아마 당신이 결혼식을 올리는 한 가지 이유는 결혼식을 하지 않을 경우 부모님이 실망하실 것 같아서일 것이다. 한 예비 신부는 이와 같이 말했다.

"우리 어머니는 저보다 더 오랫동안 저의 결혼식에 대한 꿈을 간직해 오셨어요. 만약에 우리가 결혼식을 올려 주겠다는 부모님의 제안을 거절했다면 완전히 난리가 났을 걸요. 어떤 의미에서 우리는 성대한 파티를 열 의무가 있는 것 같아요. 결혼식에서 무엇을 해야 하는지에 대한 기준들이 있고, 만약 그 기준에 미치지 못하면 사람들을 실망시키는 것 같은 기분이 드는 거죠."

어쩌면 당신도 이 남자처럼 파티를 열기 원할 것이다.

結婚 ✈

나는 성대한 결혼식을 올리고 싶다. 내 결혼식에 모든 친구와 가족이 와서 축하해주길 바란다. 나의 신부는 길게 늘어뜨린 흰 드레스를 입고, 여러 명의 신부 들러리와 신부 앞에 꽃을 들고 들어가는 소녀도 있으면 좋겠다. 피로연은 맛있는 음식과 음악과 춤, 많은 웃음과 축하의 말들이 가득한 성대한 잔치가 됐으면 좋겠다. 다른 누구와 경쟁하고 싶어서가 아니다. 남한테 과시하고 싶어서도 아니다. 내가 멋진 결혼식을 하고 싶은 이유는 진심으로 축하할 가치가 있는 특별한 행사라고 믿기 때문이다.

결혼식을 열망하는 마음에 찬물을 끼얹을 생각은 없다. 실로 결혼은 축하할 만한 일이다. 하지만 우리는 다음의 두 가지가 중요하다고 생각한다. 첫째, 대부분 젊은이는 호화로운 결혼식을 올릴 여유가 없다.[19] 가격표는 결혼식에 대한 환상 속에는 없지만 실제 결혼식에는 확실히 큰 부분을 차지한다. 한 신부는 이렇게 말했다.

"분명 어릴 때 꿈꾸었던 것과는 달라요. 꿈속에서는 예식, 피로연, 꽃과 사진 모두 흠잡을 데 없었지요. '이 모든 걸 감당할 돈이 어디서 날까?' 이런 질문을 하리라고는 생각도 못 했어요."

둘째, 당신이 여유가 없는데도 결혼식에 돈을 펑펑 써야 한다는 압박감이 매우 큰 이유는 호화로운 결혼식이 일종의 마법 주문처럼 되어 버렸기 때문이다. 그것을 통해 그들 자신과 다른 모든 이에게 그들의 과거와 현재와 미래가 모두 완벽하다고 확언하는 것이다.

기독교 어디에도 호화로운 결혼식을 올리는 것이 중요하다는 말씀이 없다. 이 사실은 굳이 지적할 필요도 없을 것이다. 제철이 아닌 꽃들, 리본 장식, 비디오 촬영 기사, 나비와 풍선들, 이 모든 것은 로맨스와 소비 지상 주의 문화의 산물이다. 이 문화 속에서 결혼식은 동시에 이 두 제단 앞에 절한다. 결혼식 설교에서 아무리 복음을 전한다 해도, 그런

結婚 ✈

　결혼식에서 숭배받는 우상은 바로 맘몬이라는 사실을 가릴 수는 없다.
　당신 역시 다른 사람들의 압력에 못 이겨 분수에 넘치는 소비를 하면서 결혼생활을 하고 싶지 않을 것이다. 그런데 왜 시작부터 그런 결혼식을 올리는가? 달리 말하면, 좋은 결혼식은 현실에서 벗어난 모습을 보여주기보다 당신의 삶의 현실에 동참하는 결혼식이다. 두 사람이 그 날의 왕자와 공주가 되는 예식은 결혼식이 아니라 가장무도회나 마찬가지다. 당신의 결혼식이 다른 사람이 아니라 바로 당신의 삶과 역사와 소망을 기념하는 행사가 되게 하라.
　당신의 결혼식과 결혼식을 계획하는 과정에서 특히 신랑, 신부의 부모님과 함께 결혼식의 세세한 부분들을 상의하는 것은 일반적으로 결혼식 준비에서 가장 힘든 부분이다.[20] 결혼할 커플과 그들의 부모는 마치 줄다리기와 같은 과정을 지나게 될 것이다. 그 과정에서 협동을 최우선으로 한다면 그 과정과 결과에서 가장 행복해질 것이다. "그날은 나의 날이니, 내가 원하는 대로 해야 한다."고 말하는 대신 이렇게 말하라. "이것은 우리 모두에게 중요한 행사이고, 우리는 모두에게 맞는 계획을 세우기 위해 함께 노력해야 한다."

신랑과 신부가 서로, 또 각자의 가족들과 함께 이렇게 할 수 있다면, 부부로서 협력하는 법을 배우고 가족과 함께 경계선과 기대 수준을 잘 맞추어 가는 중요한 첫걸음을 내딛게 될 것이다. 그 걸음은 이 모든 관계가 장차 긍정적인 방향으로 발전해가도록 도와줄 수 있다.

당신의 삶에는 또한 기쁨만이 아니라 슬픔도 있을 것이다. 당신이 슬픔을 받아들인다면 더 즐거운 결혼식을 계획하고 기념할 수 있을 것이다. 어쩌면 당신은 중요한 사람이 살아서 보지 못하는 결혼식을 계획하는 과정에서 매우 기쁘기도 하고 슬프기도 할 것이다. 당신의 부모님은 세월이 어디로 가 버렸는지 의아해하며, 당신이 조그마한 아이이고 그들이 당신에게 가장 중요한 존재였던 그 시절이 지나가 버린 것을 통렬

結婚

히 느낄지도 모른다.

그리스도인의 결혼식에는 여러 가지 감정이 섞여 있다. 그리스도인의 결혼식은 신화 속의 완벽한 행사가 아니다. 그리스도인의 결혼식은 하나의 비유로서, 하나님이 만드셨고 다시 만들고 계신 세상, 인간의 슬픔과 한계와 가능성들이 모여 다시 새로워지는 세상을 살짝 보여주는 것이다. 그것은 돈을 주고 산 완벽한 환상이 아니라, 하나님께서 드러내시는 것이다.

그러므로 완벽한 결혼식을 계획하지 마라. 약혼 기간을 짧게 정하라. 그래야 처음부터 선택할 수 있는 것이 더 줄어들고 결혼식에 대한 집착을 버릴 테니 말이다. 당신이 어느 정도 여유가 있는지를 솔직히 이야기하고, 그 한도 내에서 준비하라. 그리고 진심으로 당신을 걱정해주고 당신을 위해 하나님의 복을 빌어 줄 사람들과 함께 당신의 결혼식 날을 기념하라.

주

1. 학대하는 남자에게서 도망친 여자 중 적어도 절반은 그들에게 추적을 당해 괴롭힘을 당하거나 더 심한 공격을 당한다. 배우자를 살해하는 남자들의 대다수는 부부가 헤어지거나 이혼한 후에 범행을 저지른다. 참고: Mark Reutter, "Battered women who kill in non-beating situation have self-defense right," News Bureau: University of Illinois at Urbana-Champaign, September 1, 2005⟨www.news.illinois.edu/II/05/0901/0901.pdf⟩.

2. 이렇게 주장하는 책들을 보고 싶다면 다음을 참고하라. Emerson Eggerich, Love and Respect : The Love She Most Desires : The Respect He Desperately Needs(Nashville : Thomas Nelson, 2004); John Eldredge, Wild at Heart : Discovering the Secret of a Man's Soul(Nashville : Thomas Nelson, 2001); John Eldredge and Stasi Eldredge, Captivating : Unveiling the Mystery of a Woman's Soul(Nashville : Thomas Nelson, 2005); Elisabeth Elliott, Passion and Purity : Learning to Bring Your Love Life Under Christ's Control(Grand Rapids : Revell, 1984); Shaunti Feldhahn, For Women Only : What You Need to Know About the Inner Lives of Men(Sisters, Ore.: Multnomah, 2004); Shaunti Feldhahn and Jeff Feldhahn, For Men Only : A Straightforward Guide to the Inner Lives of Women(Sisters, Ore.: Multnomah, 2006).

3. 이것은 325년에 니케아 회의에서 내린 결론으로서, 니케아 신조로 표현되었다. 그 이후로 모든 기독교 단체들이 그것을 신앙고백문으로 받아들였다.

4. 이 규칙들은 대부분 다음 책에 나오는 것들이다. Howard J. Markman, Scott M. Stanley and Susan L. Blumberg, Fighting for Your Marriage : The Best-Selling Marriage Enhancement and Divorce Prevention Book, new and rev. ed.(San Francisco : Jossey-Bass, 2001), pp.183-202.

5. 이 점은 다음 책에서 상세히 논하고 있다. Stephanie Coontz, Marriage : A History : How Love Conquered Marriage(New York : Penguin, 2006)..

6. Stephanie Coontz, "The Heterosexual Revolution," New York Times, July 5, 2005.

7. 바람직한 방향으로 전환하는 것과 억압하는 것의 차이에 대한 논의를 보려면 다음을 참고하라. Kathleen Norris, The Cloister Walk(New York : Riverhead, 1996), p.260.

8. Michael Metz and Barry McCarthy, "Eros and Aging : Is Good Enough Sex Right for You?" Psychotherapy Networker(July/August 2008)⟨psychotherapynetworker.org⟩.

9. 예를 들면 다음을 참고하라. Katrin Bennhold, "In Germany, a Tradition Falls, and Women Rise," New York Times, January 17, 2010.

10. David Leonhardt, "A Market Punishing to Mothers," New York Times, August 3, 2010.

11. 2001년 미국에서 태어난 아기는 4,025,933명이었다(Joyce A. Martin et al., "Births : Final Data for 2001," National Vital Statistics Reports 51, no.2[December 18, 2002]:3). 같은 해에 127,407명이 입양되었고, 그중 19,000명 가량은 해외 입양이었다("How Many Children Were Adopted in 2000 and 2001? Numbers and Trends," Child Welfare Information Gateway⟨www.childwelfare.gov/pubs/s_adopted/s_adopteda.cfm⟩). 모든 국내 입양의 거의 절반은 의붓부모를 포함하여 그 아이와 관련이 있는 사람이 입양한 경우다("Adopted Children and Stepchildren : 2000," Census 2000 Special Reports, Issued October 2003). 전체 입양아 127,407명에서 19,000명의 해외 입양아를 빼면 국내

입양은 108,407명이다. 이들 중 절반은 친척들이 입양한 경우이고, 나머지 절반(친척이 아닌 사람이 입양한 경우)은 54,204명으로, 전체 입양의 1.3%이다.

12. R. J. Snell, "The Gift of Good Sex : Thinking Contraception Anew," Covenant Quarterly(2008) : 31에서 이것에 대한 논의를 참고하라.

13. 피임법은 여러 가지가 있다. 한쪽이나 양쪽 파트너가 좀 더 신경 쓰고 주의를 기울여야 하는 방법이 있고, 그런 필요가 적은 방법들도 있다. 자연피임법은 한 달에 열흘 정도, 여성의 주기에서 가장 임신 확률이 높은 기간에만 성관계를 피하면 된다. 차단피임법은 성관계를 가질 때마다 사용해야 한다. 경구피임약은 성관계와 상관없이 매일 복용해야 한다. 호르몬 패치와 임플란트 피임법은 몇 달, 또는 몇 년 동안 지속할 수 있다. 임신을 방지하고 조절하기 위한 이런 모든 방법의 용도와 효과에 대해 알고 싶으면, 다음을 참고하라. Anthony L. Komaroff,ed., Harvard Medical School Family Health Guide(New York : Free Press, 2005), pp.68-76.

14. Stephanie Coontz, "Till Children Do Us Part," New York Times, February 5, 2009

15. 이 점과 그 뒤에 나오는 논의에 대해, Ruth Schwartz Cowan, More Work for Mother : The Ironies of Household Technology from the Open Hearth to the Microwave Oven(New York : Basic, 1983)을 참고하라.

16. 예를 들면, Arlie Hochschild, The Time Bind : When Work Becomes Home and Home Becomes Work(New York : Metropolitan Books, 1997)을 참고하라.

17. 일부 현대 해석자들은 마가복음 10장 25절에서 말하는 것이 낙타(헬라어 kamēlon)가 아니라 밧줄(헬라어 kamilon)이라고 했다. 따라서 요점은 밧줄이 바늘귀를 통과하기 어려운 것처럼(불가능한 것이 아니라) 부자가 구원받기 어렵다(그러나 불가능한 것은 아니다.)는 것이다. 또 다른 의견은 중세시대부터 내려오는 것으로, "바늘귀"가 낙타 한 마리도 힘들게 들어올 수 있는 예루살렘의 좁은 문이었다는 것이다. 이러한 견해들을 보고 싶으면 다음 책을 참고하라. Craig A. Evans, Mark 8:27-16:20, Word Biblical Commentary

34b(Nashville : Thomas Nelson, 2001), p.101. 고대의 해석자들은 다양한 의견을 제시한다. 예수님은 재산의 소유 자체에 대해 경고하시는 것이 아니라 부에 대한 과도한 갈망이나 애착에 대해 경고하시는 것이다(Clement of Alexandria), 하나님이 가능하게 만드시기 때문에 부자의 구원은 가능하다(Origen), 예수님은 부자를 포함하여 모든 사람을 부르셔서 청지기직을 맡기신다(Jerome), 중요한 것은 부 자체가 아니라 부를 향한 내적 성향이다(Augustine), 부자가 점차 자신의 소유를 버리거나 적어도 불필요한 재산을 더 많이 불리려는 욕망을 벗어 버리는 것은 좋은 생각이다(John Chrysostom). Christopher A. Hall, Reading Scripture with the Church Fathers(Downers Grove, Ill.:InterVarsity Press, 1998), pp.170-76 참조.

18. National Association of Personal Financial Advisors의 웹사이트 〈www.napfa.org〉에서 이것을 시작해볼 수 있다. 여기에는 재정 계획, 자산 관리사의 선택, 재정 계획에 관한 책들과 관련된 소비자 정보가 포함되어 있다.

19. 이 주제에 관하여 Cele C. Otnes와 Elizabeth H. Pleck의 Cinderella Dreams : The Allure of the Lavish Wedding(Berkeley : University of California Press, 2003)을 참고하라.

20. 결혼식 준비를 관계 성장의 기회로 활용하는 것에 관한 탁월한 자료를 찾고 있다면, 다음을 참고하라. William Doherty and Elizabeth Doherty Thomas, Take Back Your Wedding : Managing the People Stress of Wedding Planning(BookSurge, 2007).

사명선언문

너희가 흠이 없고 순전하여……세상에서 그들 가운데 빛들로
나타내며 생명의 말씀을 밝혀   빌 2:15-16

1. 생명을 담겠습니다
만드는 책에 주님 주신 생명을 담겠습니다.
그 책으로 복음을 선포하겠습니다.

2. 말씀을 밝히겠습니다
생명의 근본은 말씀입니다.
말씀을 밝혀 성도와 교회의 성장을 돕겠습니다.

3. 빛이 되겠습니다
시대와 영혼의 어두움을 밝혀 주님 앞으로 이끄는
빛이 되는 책을 만들겠습니다.

4. 순전히 행하겠습니다
책을 만들고 전하는 일과 경영하는 일에 부끄러움이 없는
정직함으로 행하겠습니다.

5. 끝까지 전파하겠습니다
모든 사람에게, 땅 끝까지, 주님 오시는 그날까지
복음을 전하는 사명을 다하겠습니다.

서점 안내

광화문점	서울시 종로구 새문안로 69 구세군회관 1층 02)737-2288(T) 02)737-4623(F)
강남점	서울시 서초구 신반포로 177 반포쇼핑타운 3동 2층 02)595-1211(T) 02)595-3549(F)
구로점	서울시 구로구 시흥대로 577 3층 02)858-8744(T) 02)838-0653(F)
노원점	서울시 노원구 동일로 1366 삼봉빌딩 지하 1층 02)938-7979(T) 02)3391-6169(F)
분당점	경기도 성남시 분당구 황새울로 315 대현빌딩 3층 031)707-5566(T) 031)707-4999(F)
신촌점	서울시 마포구 서강로 144 동인빌딩 8층 02)702-1411(T) 02)702-1131(F)
일산점	경기도 고양시 일산서구 중앙로 1391 레이크타운 지하 1층 031)916-8787(T) 031)916-8788(F)
의정부점	경기도 의정부시 청사로47번길 12 성산타워 3층 031)845-0600(T) 031) 852-6930(F)
인터넷서점	www.lifebook.co.kr